叢書・ウニベルシタス 686

ノーを言う難しさ

宗教哲学的エッセイ

クラウス・ハインリッヒ
小林敏明 訳

法政大学出版局

Klaus Heinrich
VERSUCH ÜBER DIE SCHWIERIGKEIT
NEIN ZU SAGEN

© 1982, 1985 Stroemfeld Verlag

This book is published in Japan by arrangement
with Stroemfeld Verlag, Frankfurt am Main
through The Sakai Agency,Tokyo.

目次

序　プロテストについて　*1*

1　ノーを言う難しさへの一歩、あるいは「試み」の問題　*5*
　（補遺）教えることの起源　*26*

2　ノーを言う難しさ、あるいは喪失に脅かされる自己同一性　*33*
　（補遺）産婆術士オイレンシュピーゲル　*71*

3　ノーを言う難しさ、あるいは言語喪失の言語　*79*
　（補遺）逃げ道としての仏教　*100*

4　ノーを言う難しさ、あるいは自己破壊の運動と抵抗　*109*

初版あとがき　*131*

原　注　*137*

新版へのあとがき　*185*

訳者あとがき　*187*

序　プロテストについて

ノーを言うこと、それはプロテストの表現である。だからプロテストを誘発するような世界においてはこの表現の探究が無駄になるということはないだろう。とはいえこの探究はいろいろな困難に遭遇する。まずノーほど内容空虚で普遍的なものは他にない。それはどんなものに対しても向けられうるし、またどんなものとも結び付きうるからである。またノーほど自立しないものもない。それは問いを前提としており、それ自体はただその問いに対する拒絶の返答（ノー）でしかないからである。ノーほど余計なものはない。認識を問題にしている者にとってはノーは控えられるべきであり、何か言うべきことがある限りはむしろ肯定的な提案をすべきだからである。ノーほど危険なものはない。それはプロテストの表現にとどまらず、無気力な敗北主義の表現でもあるからだ。この表現に拘泥する者はすべてを拒否することになってしまう。個々の秩序のみならず秩序そのものを拒否することになるのである。ノーはしたがってアナーキーの表現ともなる。

いつも「ノー」と言いつづけることほど容易なことはない。ノーと言ったら罰せられるような秩序でもあれば別なのだが。しかしそれは社会学、法学、政治学の問題であり、ノーを言う難しさの外的な表現にすぎない。もちろんこの外的な困難はどこまでも付いて回りうる。事実われわれは自らそれを体験したの

1

でもあった。しかし哲学者とりわけ存在論者は外的な困難について語っているだけでよいのだろうか。哲学者は本質の認識を問題にするが、われわれの表現は本来の難しさを回避するのである。それはきわめて気楽な表現だが、だからと言ってそれを軽率に扱いすぎると、いろいろ外的な厄介に晒されてしまう。この試論のタイトル［本書の原題は『ノーを言う難しさについての試論』—訳者］は一見人を惑わすような、あるいは表面的なものであるように見える。そしてまた存在論的な次元をも欠いている。

しかしそもそも存在論的次元とは何なのか。それは存在の深み、つまりそれを前にすると表面の方が文字通り上辺だけのものの非本来性を証明するために頼らねばならないと言っているのだろうか。それはわれわれが上辺だけのものの非本来性を証明するために頼らねばならない曰くありげなあの本来的なものというやつなのだろうか。一つの惑わしなのだろうか。文字通り存在について語る存在論者は存在を限定しても構わないのだろうか。

しかし存在について語る者は何を限定しているのか。われわれは、存在とは限定されていないものだと教えられている。その限定されていないものを対象にする者のみがその限定を見抜くことができるのだと教えられている。すでに対象としての存在という言い方が怪しいのだと。われわれはさらに次のようにも教えられている。すでに存在「を」存在は対象ではなく、いかなる対象的に硬化したものともまったく別のものである。すでに存在「を」あるいは存在「について」語る者はそれを対象化している。その「表象的な［前に立てた］」言い方が存在を「歪めている」というわけである。もっともノーを言う者には一つの慰めが与えられる。ノーが初めから存在論的な次元を欠いているとすれば、それは知者の口から出るときには、仮初のもの、上辺だけのもの、非本来的なものの領野であまりにも軽率にイエスを言ってしまう者が存在の聖域へ立ち入ることを

妨げるような見張り番となることができる。つまりノーはその奉仕の役割において、存在という神像をその世俗化から守ってくれるわけである。しかしまたノーはあらゆる固定化を仮初のもの、上辺だけのもの、非本来的なものだとして否定しつつ、同時に言語の中にある固定化する言葉をも否定してしまう。発せられることによってすでに存在を歪める言語に対するノーは、歪められていない言葉を黙って崇拝することに通ずる。そしてその言葉の力は、存在自身がそこからわれわれに語りかけてくるような根底に宿っているというわけである。しかしそれはもはや言葉である必要はない。それは風のそよぎであったり、野の道での話しかけ、しじまの中の鐘の音でもありうる。こうしたものの前ではノーを言う者は番人の仕事を失ってしまう。己れの自己を頽落から救おうとした者が「聴く　従う」の中に頽落してしまうのである。

だがこの手探り的な思索の薄暗がりの中で朦朧となっていく存在論的な次元は、力と無力あるいは有意味な行動と無意味な行動の内にあるわれわれの生を締め出してしまう。存在者の存在、つまりわれわれ自身がそうであるところのもの、われわれがそれに抵抗したりそれと手を結んだりするもの、われわれが愛や憎しみにおいて、また無力であるとともに破壊的でもあるような無関心において出会うところのもの、そういう存在者の存在はもはやこの存在論的次元の領域に居場所をもたない。この領域は〈泰然として傍らに立つこと〉を要求する。だがしかしそれは本当に〈立つ〉ことなのだろうか。

存在が与えてくれる恩恵のままにという要求の下では、立つことへの問い自体が恩恵も何もない無慈悲なものとなってしまう。だがわれわれはこの問いを避けて通ることはできない。あの何度も言上された フェアピッテルト（エアビッテルト）問うことの重要性が、どんな問いの中にも認められるのではないとしたら、(その重要性がひねくれた形で隠されているので、それを場合によっては必死になって探さなければならないとしても)、そんな重要性などもはやどこにもありはしないのだ。いったいわれわれはもはや立つことを止めた立つことに対してど

3　序 プロテストについて

のようにプロテストができるのだろうか。われわれはいったいわれわれのノーがあの諸制約に巻き込まれることもなく、またあの存在論的な次元に飲み込まれてしまうこともない形で、どのようにプロテストができるというのだろうか。またわれわれはプロテストしながらどうやってそのプロテストの破壊的な帰結を免れられるのだろうか。

ノーを言うこと、それはプロテストの表現である。だからプロテストを誘発するような世界においてはこの表現の探究が無駄になるということはないだろう。とはいえこの探究はいろいろな困難に遭遇する。そしてまさにそのことこそがノーを言うことの難しさだと思われるのである。

1 ノーを言う難しさへの一歩、あるいは「試み」の問題

一

1 思索は一歩一歩方法的にその道を歩んでいかねばならないという立派な要求も、その思索の最中にひとたび、では思索しながらわれわれは何をするのか、ということを問うや否や、抵抗に出会ってしまう。試行錯誤の中で、あっちこっちと眺めては、ある道を取ったかと思うとそれをまた退けるというようなことをしているうちは、方法へのパトスからは縁遠い。このパトスのみがあのパルメニデスの二つの道、つまり存在に向かう唯一通行可能な真理の道と非存在に向かう非真理の道の二つを知っているとされるのだが。だが非存在とは仮象であり、それに向かう道もその両者の混合体と同様に仮象ということになる。ふさわしいのはしたがって唯一つの道しかない。そしてその道の終点に不変の存在が立っているということ、しかも堅固な境界に囲まれて。秘義に通じた者のみがその道を知る。彼は真なる秘密の言葉、「道状の」、[方法]のミュトスを所持している。「双頭の」「愚かな」群衆はあてもなくさまざまな道の間を右往左往する。群衆はかの「言葉」をもち合わせず、無知を余儀なくされているのである。[1]

しかし死んだ自己同一性ではなくて、そこにおいてはいかなる制約も真理であると同時に非真理でもあ

るような生きた存在、そういう存在にわれわれはどうやって近付くのであろうか。しかもまず私が思索の中でその対象とするもの、つまり私を制約するものを明らかにしようとするその返す刀で暗くするものにである。もちろん私はそれを恣意的に対象に「する」のではない。諸々の抵抗が私に制約を強いるのである。だがその抵抗が私に由来するのか対象に由来するのか、それを区別できるのは相当の労を費したあげくか、否、往々にしてそんな区別などまったくできもしない。私は自分が思索しながら二つのことをしていることに気付く。つまり自分が主体と客体とを互いに衝突させることと、同時に自分がその中では距離を取ることが不可能な領域で動いているという二つである。
さもないと私は何の対象ももたないことになるからである。しかし他方、対象に忠実たろうとして私が判断の中でその分離を撤回すると、その判断は同時にその対象を固定し、それを判断者としての私と一体化させてしまう。だが私はこの一体化への勇気をどこから手に入れるのか。私の向かい〔対象、相手〕は私に関連し、私はその関連をありとあらゆる言葉、身振り、行動――どれほどそれが無意味に見えようとも――によって壊してはまた改めてそれを結び直す。この「向かい」は決して消え去ることはないし、「内」もまた同じである。私はこの最終的には普遍的な「内」を抜きにして「向かい」を実現することはできないし、逆にまた前者つまり具体的な「向かい」を抜きにして「内」を実現することもできない。
私はさまざまな道を取る。というのも私は道を見出すというのだろうか。
いったい私はこの場合どこに「一つの」道を通して空間を時間に、また時間を空間に変貌させるからである。言語的命題とはすべてそのような道である。しかし存在と非存在、真理と非真理は互いに見分けのつかぬところまで混ざり合っている。誤った道に対してノーを言う難しさは、もっぱらイエスのみを言うことに通ずるパルメニデスの道を勧めることはできない。なぜならその道はノーを退けながら、そのノ

―の中に潜んでいるイエスをも退けざるをえないからである。me on［情動的で威嚇性を孕んだ否定の「ない」］を ouk on［事実的論理的な否定の「ない」］に変えようとする試みはうまくいかない(3)。

パルメニデスの道がノーを退けるのは、そのノーからそのパートナーであるイエスを取り上げることによってである。ノーを言う者は非存在に対してノーを言う。パルメニデスはひとたび悟りを得るやもはやノーを言う必要がなくなる。非存在は非だからである。しかしにもかかわらず彼はノーを言わなければならない。非存在に執着する双頭の群衆に向かって。群衆は知者の気持ちをドゥモスもたない。日輪の娘たちが彼らの私念を仮象として退ける者はその仮象を含んだ真理の普遍性をも退けることになる。知者は啓蒙され、日中と明るみの領域に住まう。だが日中は夜の闇を啓蒙せず、知者は無知を啓くことはできない。なぜ無知な者たちは無知なのか。なぜ彼らは存在をもたないのか。それとも存在の方が彼らから飛翔させることはなく(4)、彼らの私念は愚かと言われる。

無知な者たちは非存在に執着しつつノーを言う。その全感覚において恐る恐る、また貪欲に。知者が彼らの感覚を信用しないのは当然である。なぜなら感覚は内と外を混同するからだ。それに感覚においても分離と一体化を経験する者は、非存在の脅威つまり一体化の中にさえある分離の脅威を経験する。だがどんな脅威からも「それに対する反動として」ノーが出てくる。感覚はノーを言うことのペース・メーカーである。だからそれを拒む者は、ノーを言う者のそのノーの中に潜むイエス、また無知なる双頭の群衆のノーの中に潜むイエスをも退けることになってしまう。このノーの中に潜むイエスを聞き取れるようにすること、それがこの試論の目的であり、またそれに耳を傾け、それによって導かれること、それがこの試論の方法なのだ。

2 この方法はけっして批判を締め出すものではない。反対にここでは次の二つのイエスを区別しなくてはならない。一つはノーの中にあるイエス、つまりそれによってノーが非存在の脅威に抗するイエスであり、いま一つは「どんな願望も達することができず」、「どんなノーによっても汚されることのない」(ニーチェ) イエスであり、それはまたノーを言う緊張から解放されたいと思っている神経症者が不自然な形で守ろうとする最後の逃げ道としてのイエスである。

ノーの中にのみ聞き取りうるイエスには次のような存在論的な剰余の公式が当てはまる。すなわち私は非存在に対してノーを言いながら言葉をもち、そしてそのようにしてのみ存在を経験するという公式である。もう一つのイエスには次のような存在論的な剰余の公式が当てはまる。すなわち非存在に脅かされて私の自己を非存在によって脅かすもの (結局はまた誤謬に脅かされる言語)、それをすべて私が放棄したとき初めて私は言葉なき剰余つまり存在をもつという公式である。

「剰余」の解釈によって存在論的なプロテストに最終的な保証を与えようという試みは、いかなるものもそのプロテストの確かさを解体してしまうことになる。またプロテストそのものを解体の具にしてしまう。このことは、こうした解釈においてはいよいよ「砂州 [底無し]」(ヤスパース) となってしまう、あのデカルト的懐疑の疑いようのない確証にも当てはまるし、また意味への失望という状況のすべてにはもっと当てはまることになる。というのも意味喪失が言われながら、なお前提にされている意味の論理的な剰余というようなものを以てしては、誰もそうした状況にうまく対処することなどできないからだ。意味に失望する者が意味喪失に対するプロテストとして肯定的にその意味喪失を言うとき、そしてまたデカルトの懐疑がノーを言うことの中で明らかになってくる神的な——理性的でしかも誤謬という非存在に対してプロテストするという意味でだが——存在の威力を発見することだと理解されるとき、初めてその懐

8

疑者は熱狂的な自己主張や自己犠牲の破壊的な帰結から身を守るというノーを言うことができるのである。

例えば、最初「ノー」を言うようにとの言い付けに従うことになるのだが、その「神のニネヴェに対する」プロテストは「剰余（過剰）」へと石化し、その「剰余」は彼によってフェティッシュにされた神の言葉と同じように、もはや覆されることはなくなる。神の憤怒に脅かされた街ニネヴェはあくまで没落しなければならないのだ。イエスとノーは、パルメニデスにおけると同様、二つの領域に分けられ、右と左の区別も知らぬその大都市の人々（双頭の愚かな群衆）は、ここでは絶滅と呼ばれる非存在に委ねられねばならない。しかし絶滅は双頭の愚かな群衆とともに、彼らの言葉を習得している弁証家たちをも見舞い、その生きた存在とともにその生を受容し宥める力、つまり「神の言葉」をも損なってしまう。

この予言者ヨナが開眼させられるのは自分に加えられた脅威によってである。神は唐胡麻の繁みを——その影に隠れてヨナはふてくされながら荒野に座っているのだが——その頭上で干からびさせる。そしてこの神の慈悲を疑う者は自分が情け容赦のない没落を課した大都市を目の当たりにする。

ヨナ書の最終章が物語る、世界をノーの領域とイエスの領域とに截然と区分けしてしまうことに対するプロテストは次のような教示として読むことができる。つまりノーを言いつつも、そのノーを言う者が彼によって否定されたものの中にも生を受容し宥める存在の力は働いているイエスと結び付くように振る舞えという教示である。ヨナは神の言葉の効力を、その言葉に対してプロテストする言葉の中でも経験する。彼には背信への戒めが与えられるのである。ノーを言うことが難しいのは、そもそも神との絆、それゆえまた自己自身や大都市ニネヴェにも背信することなく、ノーを聞き取りうるようにすることが困難だからである。ノーを言う者は逃避のノーと絶滅のノーとの間を

1 ノーを言う難しさへの一歩，あるいは「試み」の問題

揺れ動く。それはどちらも背信になるからだ。つまりノーを言う者のプロテストとは「背信」に向けられたものなのである。

3　パルメニデスの悟りの話が知と無知との弁証法（ギリシア哲学のどこにも見られる弁証法）のうちにあるように、ヨナという男の招致と強情の話は忠誠と背信の弁証法のうちにある。そしてそれが旧約聖書の中心問題を成している。この弁証法に基づく存在論は、もっぱらギリシアの哲学者たちの、悟りにのみ基づいた存在論とは原理的に異なって見える。背信が再び不安をもたらす経験となり、また怒りに満ちたあるいは諦めきった離反といった失望のありとあらゆる現象を「背信」という概念の下に解消させてしまう時代においては、旧約聖書の予言の書が記述しているような経験を無視することはできない。

神との「絆」(8)を保つことが忠誠の象徴表現であるとするなら、背信のモデルはそれを破ることである。神に忠誠を尽くすとは、自らと他者そして存在の全領域において、自分たちを活性化させてくれる存在そのものに対して忠誠を尽くすことである。逆に存在のいずれかの領域でそれを拒否することは神との絆を断ち切り、自らの基盤に対して背信することになる。だから邪神崇拝（パール）とは、無知とか権力との折り合い（ギリシアの哲学者たちにとっての神々の崇拝のように）などではなくて、背信なのである。存在という究極の無条件の威力は存在の全領域、形式、形態において一体である。だから背信は文字通り「一つだけを切り離せる」ものではない。他者への背信は同時にまた自己への背信なのであり、逆に背信に対するどんなプロテストも自分の名においてのみならず同時にまた他者の名においてのプロテストともなるのである。ヨナは神の言い付けから逃れようとして背信し、ニネヴェの崩壊を言い張って背信した。しかしニネヴェもまた神を背信したのでは？

このことは、自らに背信する者もまた、人が満たすこともを裏切ることもできるような要求を起こす、という背信の弁証法における決定的に重要な点である。その要求とは、「絆」という象徴表現からすぐ連想される概念を使って言えば、「盟友関係〔ブンデスゲノッセンシャフト〕」の要求、つまり要求に背信してもなお消え去ることのない唯一の要求である。潜在的にはいかなる存在者も背信に対する戦いにおいては「盟友」であると同時にまた人や自分自身に背信するものだという考えだけが、知者と無知なる群衆の分断を通してパルメニデスが言おうとしたあのストイックな諦念に対抗して唯一バランスを取ることができるのである。われわれに馴染みの「啓蒙」という概念も、背信に対抗する潜在的で普遍的な盟友関係という概念なしには考えられない。

起源神話的な思考やそこから派生してきたもの、そしてまたわれわれの時代の民族礼讃といったものの中にみられる背信概念は、旧約聖書のそれとは一見矛盾しているように見える。もしアブラハムがその祖国を見捨てなかったとしたら、彼は神に背信することになったであろう。しかしこの起源神話的思考に従えば、祖国を見捨てたアブラハムは背信者になってしまうのだ。にもかかわらずこの思考の背信概念を糧にしている。結束〔絆〕を避けることはその結束を歪めることになる。旧約聖書が言うように、諸経験が起源権力の支配を揺るがすところにおいてのみ、死と運命に対する不安から背信に対する不安が出てくる。この背信への不安は背信者が出てこないかと見張るようになる。そして最後の神経症的な安全装置が切れるや否や、贖罪の山羊ならぬ背信の背信者が──すなわちもともと背信している者から見ての背信者が──死をもって罰せられるのだ。

起源神話的思考はおそらく策略や詐欺を、そしてまた誰かの誰かに対する背信も知っていたであろう。

しかしそれは背信「一般」ではない。神話学のトリックスターや幸運をもたらす者、プロメテウスやロキのような存在は、秘密や個々人また全神族に背信することになるだろうが、けっして自分を裏切りはしない。なぜなら、彼らは普遍的な要求、つまり自分を活性化してくれる存在やあらゆる存在者の潜在的な盟友関係に背信するわけではないからである。コリオラヌスやアルキビアデス、アルミニウスなどとはその戦線をあちこちと変え、哲学者たちはそれを超越し、またさまざまな「究極」の真理に通じた神秘の信奉者は秘密が世俗化することを恐れるだろうが、それはある秘密を他の秘密によって裏切ることを恐れているのではない。旧約聖書の妬み深い神、その怒りは愛への裏切りに向けられたものであるがゆえに愛の「異業(ダス・フレムデ・ヴェルク)」と呼ばれるのだが、その神の手によって初めて貪り食う邪神から背信者を罰する妬み深い神々という自らの歪曲像が作り出されるのである。ある領域に対して「背信」可能な無条件の要求を起こすということ、これがまさに「邪神」の定義であり、そしてまた要求を満たすことがその要求の性格に背信し、したがってまた邪神崇拝の対象となる存在の領域への背信となるということ、これがその邪神の正体を暴くための唯一の基準になる。

神から背信の教訓を与えられたヨナは次のようなことを認めなければならない。すなわち神の「言葉」に執着することはその神の言葉でさえも邪神にしてしまうということ、さらに怒りもまた正当で愛の実現であらねばならないということ[9]、そして最後に、不実のニネヴェに対する神のプロテストがあの頑なな男ヨナと結び付いていたように、ノーを言う者のプロテストが背信者自身と結び付いていなければ、背信に対してノーを言うことは、そのノーを言う者自身をも背信者にしてしまうということである。

今は背信の存在論を展開するところではない。だがパルメニデスの道を取ることもなく、またヨナが彼に与えられた教訓から学んだというところに依拠することさえできない者(というのもヨナ書はそれについ

ては何も伝えていないからであるが)の弁護は、ヨナ書の立てる次のような問いを問うという試みの中にのみ探し求められうる。すなわちそれは、いったい神にも自分にも大都市ニネヴェにも背信しないことはいかにして可能なのかという問いである。

二

「試論」という本書のタイトルの名はまだ出来上がっていないものを示しているようにみえるが、同時にまたそれは主体の自由を疑問に付す「熟練完成(フェルティヒカイト)」という概念にプロテストするものでもある。熟練完成というものはあらゆる行為に見られ、それは哲学思想という行為についても言えるが、しかし哲学することがある特定の熟練ではないように（われわれは「哲学する者」と言われると妙な感じがするのだが）、哲学も総括とか熟練の産物などではない。熟練が、ある特定の方法の取り扱いや操作に属し、また少なからず詩の制作およびその操作に属していることは言うまでもない。しかし非哲学的思想や哲学に敵対する思想と並んで哲学思想なるものがあるわけではなくて、思想の否認や慰撫を前にしての思想の哲学的契機というものがあるだけである。この哲学的契機を認めるのか、それともそれに背を向けてそれを完成しようとしないかにかかわらず、この契機こそ分離したものを統一しようとする——あらゆる思想は、まだ達成されていないが得ようと努力されている統一、より良く成就され最後には完全に成就される統一を求めて、この分離の統一を目標としているのだが——場合の異議の契機にほかならない。マルクスがヘーゲルを非難したのは和解ではなく、その和解の失敗の方である。「和解」という概念が疑わしくなるのは、思想の哲学的契機つまりその思想が唱える異議の契機の方に向けられた熟練が、特に思想およびその思想を生み出す思索の「熟練完成」に対する異議を意味するようになるときである。

こういう論を立てると哲学者にノーを言う役を求めているかのように見えるが、事実その通りである。だがこうした確認で事が足りるわけではない。というのも哲学がある特定の対象や対象の総体、それにのみ固有な方法やそれによってのみ解明できる領域といったものを——そうした物の背後であれ、下であれ、超えてであれ、またその中においてであれ、とにかく——もっていないように（哲学は思想の哲学的契機がどんな部分的だけの和解に対しても申し立てるところの異議という普遍的要求を裏切ることになるだろう）、哲学者もまた、天性によるものであれ訓練や調教によるものの名ではなく、人間一般の名、しかもその性格を言い表している名だからである。この哲学者という名にすべての区別を貫いて現実の全領域の中で語らせようという試み、哲学をそういう試みとして説明してみることはけっして無意味ではないし、まして余計なことであるはずはない。人間というもの（デア・メンシュ）（だがすでにこの言い方はまずい。なぜならこの言い方は、歪められることなくすべてを統一することへの憧憬を諦念のうちに「より低次の」領域に委ねてしまうことになるからだ）は思索しながら「いくところまでいくはしaufs Ganze gehen［男女の関係について言われた俗語］」、どんな領域をもそのまま放置しておこうとはしない。というのもある領域をそのまま放置することは背信になるだろうから。しかし少なくとも一つの領域に沈潜してしまうや否や、人はつねに背信せざるをえなくなるし、またそれを恐れて手を汚さないでようとしても、その領域ないし他の諸領域の要求に対する背信となってしまう。哲学は対象化とかあらゆる対象の破壊といった人間に固有な背信に対してプロテストするのか、それとも初めから個々の言葉の中にあって、命題の中でそれらの言葉がうまく統一されてもなお片付くことのない世界の寸断に抗して「ノー」を言うのか、あるいはまたこれを受け入れ、例えば——最終的には一つの領域の中で崩れ去ることになるなる多くの非本来的な領域に対して「本来的」な領域を対置させながら——間違っていると知りながらそ

れを美化するのか。これが基準であり、諸々の哲学どうしを分ける大きな境界線なのである。

その場合「間違っていると知りながら」と言う者は厳しい非難を覚悟しなければならない。だが彼がしようとするのは中傷ではない。彼は「攻撃する者のみならず」攻撃される者自身の名においてもプロテストをしようとするからである。「聖」と「俗」の区別が聖なるものと俗なるものの自己保全のために役立ったように、「本来的」と「非本来的」の区別もまた、かの威力の呼び起こしのための一つの要求を表明したのであった。だがこうした状況はもはやわれわれの状況ではない。世界の「寸断」——そのイメージにおいてこの世界の現実の分断もまた生じているのだが——はとうの昔から「背信的」哲学の方法にとどまらず、生の全領域における「背信的」実践の方法でもある。懸命に盟友を求める者は寸断と戦う。彼は文字通り寸断が問題になるところでその盟友を見出すことだろう。しかしそれは自分が無事であることを確かめるために批判的な言葉を発するような者たちの中にではない。今日抒情詩にとって、背信にプロテストする言葉に成功するかどうかが——しかしそれはもっぱら背信の言葉を貫いてであって、それと並んででもなければそれに代ってでもないのだが——その試金石となっているが、それと同じように、いったいどういう時に正しいあるいは間違った盟友をもつのかという問いにとっての試金石は、それらの盟友が、学問であれ芸術であれ、あるいはまた何らかの熟練技能においてであれ、自己自身に背信する者の内面においてその戦いを開始するのかどうかにあるのだ。

三

1 「試論(フェアズーフ)」とは「エッセイ」の翻訳である。哲学思想を表現する五つの文学形式⑫、つまり格言、アフォリズム、エッセイ、体系、大要の中からここではエッセイ形式が選び取られた。

格言（この典型は石碑に刻まれた墓碑銘であり、まさに一文コソ命ナリである）と大要（その典型は大事に保管された司祭の知識であり、これは天と地の間のあらゆる関連からその総まとめを手に入れる）の二つは哲学の形式としては、いわば聖書で言う一種の外典のようなものである。格言は、かつては lapidar という意味の簡潔のことで、けっして lakonisch という意味の簡潔ではなかったのだが⑬（最初の言葉 lapidar の中にはその言葉の持続的な威力に対する信頼が、そして二つ目の言葉 lakonisch にはその言葉に対する不信がこめられている）、今や一般的なラコニスムスという意味での簡潔（これは多弁ともうまく折り合いの付くものだが）に席を譲り、横断幕や宣伝文句にまで落ちぶれてしまっている。個人では打ちたてることもできない大要は、それ自身にとっては外的な結合の原理、例えばアルファベットの結合といったものの管轄下に置かれ、基本の知識から命令の知識へと変質してしまった。

格言と大要は一連の形式の両極としてともに統一の思想を表現する。つまり前者は「内包的な一つの宇宙(ウニ・ヴェルズム)」として明らかにしうる「具体的」統一の思想を、また後者は「外延的な全体(トトゥム)」に相当する「抽象的」統一の思想をそれぞれ表現する。われわれの推理では、体系も同じように一つの普遍的な要求を起こす限りにおいて外延的宇宙を対象とするが、この外延的全体は同時に、総和の外延的全体と対置されて、内包的全体と呼ぶことができるように思われる。しかしこれは形式的な考察であり、アフォリズムとエッセイが何であるかが分からないうちはまだほとんど何も言っていないに等しい。

形式的には学問的所産の大半はアフォリズムである。というのもaphorismosとは切断的ないし断片的な思想ではなくて分離する思想であり、認識する主体が茂みに切り開いていく林道だからである。だがその場合体系が、少なくとも体系への希求が必要になる。それは自然な仕方であらゆる考えの奥に置かれる体系でもかまわないし、互いに関係のない現実から思索によって奪い取ってきた体系、あるいは要求としてその現実に差し出された体系でもかまわない。分離したものをより良く組み立てるということにおいて初めて——切り離すためではなく、分離がaphorismosによって分離された諸部分を組み立てるという——aphorismos の要求は満たされるからである。すべてのエッセイはこの方向での試みである。それはアフォリズムを使いながら体系を得ようと努める。しかしエッセイにはその目標に到達する必要がないか、あるいはそれが不可能である。これはエッセイにとっての動機であり、エッセイはその動機の間を揺れ動き、過渡的なものとして決着をつけることなくその途上で立ち止まる。つまりそれは（現在それに植え付けられているかまたは将来に生ずるものとしての）要求の充足を確信しているか、または体系が起こす要求の充足に達することができないかのいずれかなのである。

2 かつてこの要求を余すところなく満たそうとしたものが演繹法とエンチクロペディの形式である。この神話的思考の教則だった両者はその後働きを変えられ、ヨーロッパ的啓蒙の思考の中に取り入れられていった。しかしすべて個々のものを根源、原理、公理（いずれも神話的始源（アルケー）の解釈）から導き出すという演繹の威力——その中でまたその根源、原理、公理の強大さが伝えられ維持されたのだが——に対する信頼が揺らぐや、かの要求はもはや満たすことができなくなった。またエンチクロペディ形式に信頼が寄せられえたのも、完全に啓蒙された人間の視野——つまりパースペクティヴの転換や地平の変化があっても、

その視野の中に入り込んだものがすべてより良い状態に向けられた進歩的な「人類の教育」に貢献することになるような視野——にも比せられるような理性知の循環が成立する限りのことであった。

こうした進歩への信頼において近代のエッセイは成立したのであり、だからそれはそれに類似するいかなる古代の文学形式とも混同されてはならない。なぜならこれら古代の文学形式は、それによって表現された思想の目標に従えば、ことごとく「古代的なもの」の認識への手引きであり、したがってまた通過儀礼の世俗形式ないし古い、最も古い、永遠に同じものであり続ける真理の秘儀への入門なのであり(このことをはっきりと教えているのは、しばしば近代のエッセイとの形式的類似が言われるプラトンの対話である)、それに対して近代のエッセイの方は、たとえ対話の「手引き的」性格を受け継ぎながら、とりあえずその形式を利用しているとしても、「新しいもの」、まだ確かめられていないものを認識するための手引きだからである。ここで目標とされるのは、もはや過去の埋没した真理ではなくて、これから黎明の兆そうとする未来の真理なのである。

「エッセイ」という言葉には「テスト」という概念が込められている。それはかつてなかったほど自然について「問い」を発するのだが(創造の言葉によって作り上げられたものとして、この問いは認識の言葉と同じ構造をもち、人間の言語に翻訳可能な解答を与えるであろう)、エッセイはこの「問い」として の実験の中にその自然変革のための実践を見出したのであった。scienza nuova、ars nova、vita nuova といった数多くの命名が示しているように、この「新しいもの」の認識はその理論的表現を新しい進歩的方法としての「帰納法」の原理の中に見出す。この帰納法は新しいものを認識するための機関であり、新しいものへの手引きを約束する。たとえ不確かな演繹的推論方式の形式においてなされる場合でも(また伝統的な論理においてなされる場合でも)、帰納法はまったく別の原理の担い手なのに見

18

であり、そしてその原理の解明が「エッセイ」という概念に光を当てることになるのである。というのも、演繹的方式においては（ヘーゲルの用語に従えば）[18]「特殊なもの」が「個的なもの」によって媒介し、普遍的なもの（根源）の力が特殊なもの（系譜）を貫いて個々の個体にまでもたらされるがゆえに、この媒介が実際のところは「強制的」になる（これは基本的には系譜的体系であり、その根は神統系譜にある。そしてその神統系譜の問題を、またその支配領域がかの体系の拘束力を言い表しているのである）のに対して、帰納方式においては「個的なもの」が「特殊なもの」を「普遍的なもの」によって媒介するのだが、ここでは個的なものはもはや根源の威力を引きずる系譜と結び付かないので、この推論は前者の場合のように「強制的」になることはありえない。しかしこの強制を免れた個的なものは、まさにそこにおいて普遍的なものと特殊なものの威力があらゆる個的なものにおいて改めてかつ新たに集中したり、あるいは——クザーヌスの言葉で言えば——「縮限される」がゆえに、普遍的な媒介の担い手となりうるのである。

3　古代論理学の演繹推理を背景にして考えてみると、初めてこの方式の新しい点が——古い公式や表示法を残したままとはいえ——明らかになる。
　伝統的論理学の演繹推理に対する古典的な例、つまりあの死ぬ者としてのソクラテスの例は、ソクラテスを全人類に通底する可死性という呪いの下に置くが、それはポルピュリオスがそのアリストテレス論理学入門[20]においてアガメムノンの運命をアトレウスやペロプスの末裔の運命、タンタロスの運命として説明し、その系譜にまつわる呪いにとって炯眼にその演繹体系を解釈してみせたことと別のものではない。ソクラテス（すべての人間は死ぬ。ソクラテスは人間である。したが逃れるすべなく死の判決を下されたソクラテス

ってソクラテスは死ぬ）が哲学を学んだり教えたりする人たちの模範例となりえたという事実は、もちろんすでにソクラテスが死ぬことを手本としうるような考えを前提としている。なぜなら死は不死の魂や神の知性にとっては偶因的な牢獄を破壊するだけであって、不死の魂や神の知性そのものを破壊するわけではないからである。だがこういう様式の思考はもはや演繹方式の支配下に置かれることはない。というのもそうした思考は認識をしている間に、死を宣告された者を見舞うであろう運命と合致してしまうからである。つまりその運命そのものは死に服することがなく、演繹方式の認識が認識者を演繹体系の強迫から解放することになるのだが、しかし認識者はその解放の代価として体系の支配を確認しなければならないのである。これに対して帰納方式はもはやこうした代価を支払おうとはしない。

演繹方式が支配すれば帰納推理は不確かなものにならざるをえない。つまりソクラテスが死ぬ者でしかも一人の人間であるということが、すべての人間が死ぬことの保証とはなりえなくなる。言い換えればすべての人間は、（形式上は）死ななければならないという強迫を免れるのである。だから帰納方式が筋の通ったものとなるには、別の「推論」が必要になる。つまりソクラテス、この一回的な個人な死においても完全に人間であるという推論、あるいは最も単純化して言えば、ソクラテスも人間存在と死の呪いを免れないのではなくて、ソクラテスは一人の死ぬべき人間だという推論である。ついでに付言しておけば、この新しい方法は原理的にまったく新しいあらゆる人間的行為の理解に繋がるに違いないということである。すなわちこの方法は「人間性」や「可死性」に対立するもの、つまり非人間的なものや不死なるものをも――それに彼岸の領域をあてがったり、またそれを超人間的な威力に依拠して措定したりする代りに――人間性や可死性に翻訳するよう強要するのである。そうすることによって帰納方式は脱デモーン化の最も強力な道具の一つとなりえたのである。しかもそれは「デーモン」と格闘するも

のであって、たんにギリシア哲学のようにデーモン的な現実を思索しながらそれを乗り越えるというようなものではない。

この乗り越えの方の手段が第三の推論方式、アナロジーである。ここでは推論の全威力が「普遍的なもの」のもとに止まっているため、「個的なもの」も「特殊なもの」も（ソクラテスと全人間およびすべての死ぬべきもの一般）、多数の現象の中を「戯れつつ」循環する一なるもの、ないし同一なるものに対して、どうでもよいものになってしまわざるをえない。それらは「個的なもの」や「特殊なもの」であることを止めて（というのも普遍的なものの威力はそれらの中では同じものとなって現れてくるからであり、それがまさにこの推論の拘束力なのである）、結局は認識者の関心を失ってしまうことになる。饗宴のソクラテスが諸々の美しい身体やあらゆる美しい形式をそうしたように、認識者はもはや個的なものや特殊なものを気にも掛けない。このどうでもよいという言葉が表わしているのは、区別する言葉の諦めであり、つかえたり、呟いたり、あるいは言語喪失に陥ったりする言葉に甘んずることである。そうなると言語は「同一なるもの」の「同意表現」となってしまう。

全体主義の言語モデルとなる演繹的方式による根源の強制、それと現実を蒸発させてしまうアナロジー方式の帰結、すなわちこの無関心の言語モデルの両方に対してプロテストするのが帰納法の方式である。この方式はそれが認識しつつ結び付いている様々な体現(フェアケルバルンゲン)を重視する。というのもそれはそれらの体現の中に、否もっぱらその中にのみ、現実の深みを認めるからである。

4 旧約聖書の各書においてわれわれが最初に遭遇する新しいものへのパトスが、ちょうどこの聖書を引き合いに出しながらヨーロッパ的啓蒙の中で新たに表現し直されたように（ベーコン、ホッブズ、ヘルダ

一、カントのみならずマルクスや今日の哲学的マルクス主義者、さらにはジェームズのようなプラグマティストもまた個々の言葉の選択に至るまでこの伝統の中にいる）、無尽蔵の意味を含んだ個的なものにおけるこのパトスの体現は、たんに古代のミクロ・コスモス＝マクロ・コスモスの思想を言い換えたものではなく、キリスト論上の問題の新たな表現なのである。それは無限なものが有限なものにおいて、存在の威力が個々の存在者において、創造者が被造物において「具体的に」体現する、その体現への問いに対する解答である。それは確かに不十分で、歪められ濁った体現の概念を知っているだろうし、またこれはストア派における賢者と愚者を区別する起源の問いに対しては不十分な解答しか得られないが、これはストア派における賢者の混濁や歪曲の原因を問う問いに対しては不十分な解答しか得られないが、これは自己破壊的な体現の概念も知っているだろうが、しかしもはや永遠に体現に抵抗し続ける質料という概念を知らない。だからこそ今日脱デーモン恐怖への後戻りになるからである。というのも質料の構造はそもそも理性的かつ神的なものであり、その唯物論に対する攻撃は、しばしばデーモンの軽視によって自分を救おうとするたんなるデーモン恐怖への後戻りになるからである。無力で形もなく無秩序で、その感覚において脅かされているにもかかわらず、個人は無力と破壊に抗しては抵抗の力を、諸形式の分裂と形のない無秩序への沈没に抗しては形式の要求を、そして感覚の破壊的な湧出とそれに対する絶望に抗しては意味充実に向けた前進を体現する。だからこそ個人は新しいものに向かい、それを迎え入れ、また生み出すことができるのである。

今はまだ、この新しいものへのパトスが「帰納」概念を貫いてどのようにして「生産」の新たな形式――つまりもはや神秘的なモデルの反復にしがみつく必要がなく、新しいものを古いものに還元してその新しいものをただたんに受け入れるということがもはや不可能となって、むしろその新しいものそれ自体

を生み出すような、そういう「生産」の形式――を明らかにし、成立させるのかを示すところではない。もっともまさにこれが、思想の生産ということをも含めて、われわれの生を根本から変えてしまったのだが。エッセイと試論という概念にはつねに実験や試みといった、何か「好奇心」のようなものが付きまとっているが、この好奇心は、実験や試みがあてもない動揺と混同されてはならないのと同じように、無拘束や無責任への逃避といったものと一緒にされてはならない。「いかなる『根源』からの遠ざかりも、すでに『存在論的な領野からの脱却』つまり『退行』を意味する」という、古いもの、まさに最古のものを睨んだ存在論の命題に対立するのは、ここでは根源の強迫から逃れることに成功するかもしれないという希望である。しかし Entspringen というのは、あらゆる神格化された領野の礼拝が要求するような「聴従」を「存在論の領野」あるいは他のなんらかの領野で持続させるというようなことではない。そうではなくて、この言葉が意味するのは、根源の強迫を破り、その破られてもまだ破壊され切っていないものどうしを和解させることである。あてもなく動揺する者、その者はあらゆる領野を越えて、さまざまな葛藤を解消しないまま存続させる「一つの」領野へと自らを高めようとし、そのため不可避的に多くの領野のうちの一つに嵌まり込み、そこに囲いを巡らし、真ん中には犠牲石を置き、そしてそれを崇拝して跪かぬ者すべてを憎んだり、さらにひどい場合は侮ったりするようにならざるをえなくなる。自己損傷を代償にして安全を保障してくれる全体主義的な権力と、自己空洞化を代償に忘却を認めるような全き無関心との間を多数が揺れ動くという意味で、こうした動揺の形態となっているような世界においては、その運動に引きずり込まれない言葉を一言でも発することはほとんど不可能であるように見える。憎悪と自己嫌悪は、あの全体主義的な権力と全き無関心の産物である。失望こそこの運動の原動力である。それらに抵抗するはずの言語は新しいものの体現であらねばならず、その言語のどんな言葉もそれが切れ

目を入れるところでさえ和解のための道具でなければならない。エッセイないし試論という文学形態はこうした言語そのものを与えることはできないが、そうした言語が要請として立ち現れるような問いを言い表すことはできるのである。

5 エッセイという文学形式を規定しようという試みは、そのエッセイが使う方法を規定することであり、それはノーを言う難しさの核心部に通ずる。この試みは、強迫の演繹的体系に服してしまう言語にプロテストし、また強迫から引き裂かれた現実をアナロジーの内に解消させてしまう言語にもプロテストするので、前者においては推論を、後者においては「現実の」連関を見捨ててしまうという危険に晒されている。だが推論も連関も伝統や共同体同様見捨ててしまうわけにはいかない。帰納の原理はあくまで現実の中に体現したものを頼りとしなければならないからである。それはさしずめ、生を引き裂く伝統に抗し、歪められない共同体のために戦う原理と言うことができる。生を維持する伝統のために戦い、生を歪めその歪められたものに制裁を加える共同体に抗して、歪められない共同体のために戦う原理と言うことができる。

伝統とか共同体といった概念を学問的あるいは非学問的な散文の中で使用することがほとんど不可能だということ、これはノーを言う難しさをよく示している一例である。強迫に服するノーや、世界の強迫性格を否認しつつ結果的に無意味な認識に至るようなノーに抗することによって、ノーを言う者は次のような二重の危険の中に立たされる。一つは自らの基盤と固有の自己主張を解体してしまう思惟の危険であり、もう一つは対象への集中を、自己と対象との解消不可能な隔たりと混同してしまう思惟の危険である。ノーを言う者は引き裂かれることを代価に強迫の破壊を、また盲目を代価に思惟の集中を手に入れるということ危険の上に立たされるのである。こうした状況にあっては、態度表明を控える者にはその報酬として物事

の歪められていない本質への視野が約束されるという方法もあてにはならない。冷静に眺める者には本当に真理が示されるということ、これは現象学的思考の始まりにおいては、まだしも現実を破壊的認識によって情け容赦もなく歪めてしまうことに対するプロテストであった。だが態度表明を控えることもまた認識の恩恵に与かることができないということを知る者にとっては、いずれ認識しているうちに無傷の関連に与かることができるだろうという希望も同時に消え去ってしまう。

しかし歪められた連関に対するプロテストがその連関を諦めてしまうことができないように、その歪みを記述しようというだけの試みもまた体系を放棄することができない。つまり自然的ないし自然として美化された連関の根源神話的な像を以てしても、またその連関を埋め合わせる個々に引き裂かれた諸部分の組み立てを以てしても十分ではないのである。連関の宿命的側面も組み立ての自由の側面も否定せず、ツザンメンシュテルングかといって前者に屈服したり後者をその屈服の道具として使うこともしない体系の概念は、社会という体系から独立してはありえない。社会にその自覚を与えること、これが認識者の最も重要な課題となる。認識者はまた自分の体系を得るためにも、その社会の中に、歪められた結び付きがあってもなお歪められツザンメンハルトていない結び付きへの期待が生きているような、そういうモデルを探さねばならないであろう。しかし認識者は性急にそのモデルを強迫へと歪め、そこに体現された期待を心ならずも台無しにしてしまう代りに、現実の断片的性格を否定もしなければ、試論のアフォリズム的思想をも動かしている体系の要求を裏切ることもないようなモンタージュに甘んずることになろう。

補遺　教える(ベレールング)ことの起源

われわれは何を問うのかを限定しなければならない。われわれは、辻褄の合わない問いを立てることはどんな場合であろうと結局は辻褄の合わぬ企てになってしまうという見解に与するものではなくて、むしろ何が人間をそうした辻褄の合わぬ問いに駆り立てるのかという問いほど緊急を要するものはないと考えており、またほとんど辻褄の合わぬ問いの形式においてなされないような言表の真剣さなるものを疑い掛かっているほどなのだが、それにもかかわらずまず初めにわれわれの問いの意味するものを問うてみたいと思う。問いの意味を検証することはその問いを限定すること、クザーヌスの言葉を借りて言えばその「縮限(コントラクツィオン)」になるであろう。

われわれが問うのはノーを言うことの難しさである。この問いの意味とは何であろうか。われわれは過度であろうとは思わない。われわれはいかなる個々の概念も無限なものに向かいうるということを警告されている。われわれは教えること(ベレールング)の難しさを侮りはしない。とりわけ（もともとどんな問いにおいてもそうであるように）問う者に安心を与えてくれるというより、むしろ教えることに駆り立てられる者との区別が消失してしまうような問いにおいては。

ある問いの辻褄の合わなさを突き止めようと思う者はしばしばこの区別、つまりそれにプロテストすることが問いの意味であるような区別の存立を考えるだけである。

一

　誰がわれわれにノーを言う難しさを教えてくれるのだろうか。われわれはノーを言えない人間を知っている。ノーを言えば隔離されてしまうだろうと、彼は孤独にされることに不安を感ずるのである。彼は「誰をも侮辱」しようとは思わない。なぜなら彼もまた追放されたくないからだ。ノーを言うことなく彼はすべてに、誰にも合わせる。だがすべてに、誰にも合わせるということは不可能である。追放によって不安をもたらすような諸権力は互いに葛藤状態にあるからだ。それらはそうした葛藤の中でどの権力に対してもノーを言わぬ者をずたずたに引き裂いてしまうだろう。だからといってノーを言えばその引き裂きに抗することができるのだろうか。彼はノーを言うことによって一つのことからさえ解放されることができるのだろうか。しかも彼の頭上にある権力は彼の内なる権力でもある。彼は制裁を受けるが、彼は苦しめられる者にとどまらず、また自ら制裁の実行者ともなるのだ。
　彼は権力どうしの葛藤から完全に逃れようと努め、抵抗しないで、誰でもない者であろうと努める。しかし彼は誰でもない者ではない。そうあろうとする努力が彼の正体をばらしてしまう。彼はあるものに全面的に身を委ねようとするが、そのあるものは庇護どころか、むしろ彼を脅して飲み込んでしまおうとする。あるものから逃れようとして彼は別のものの勢力範囲の中へよろよろと入り込んでしまう。彼はそのよろめきから一つの体系を作ろうとして、一つのものから別のものへと「跳躍」し始める。だが彼には自分にその跳躍の力を与えてくれるあるものが必要となる。彼はすべてを超越し、これだけではなく、あれに対しても、すべてに対してノーを言おうと努める。しかしこの超越はもっぱら見掛けとして成功するにすぎない。彼はそれを確かなものにしなければならない。彼には超越したという保証を与えてくれる権力

1　ノーを言う難しさへの一歩，あるいは「試み」の問題

が必要となってくる。かくして彼は権力どうしの競合の下に再び落ち込むことになる。彼は諸権力の下で、また諸権力に向かってノーを言わなければならない。彼は自らの中で、また自らに向かってノーを言わなければならない。彼は自分を同調させることによってその自己同一性を手に入れなければならない。しかしそれではどんな自己同一性も身を委ねてしまうのと同じになり、それが同調者を自己同一性喪失の脅威に晒すのである。自分からすすんで引き受けた非同一性が自己同一性喪失から守ってくれるわけではない。突然すべてが別の相貌を帯びてくる。依拠できるものを何ももたず、犠牲を捧げる者の方が強迫に対して先手を打つのである。だが彼もまたその強迫を逃れられるというわけではない。今やそこから逃れようとしていたものが逆に求められるものとなる。自らを同一化する者はその自己同一性を守ることができるのだろうか。形式を壊した無形性から自分を守ってくれるような一つの形式の多様性に対してノーを言いつつ、空しく彼は形式を守ってくれるような一つの形式を探し求めることになる。初めはしきたりに反しないというちょっとした付き合い上の困難だったノーを言う難しさは、今や喪失の脅威に晒された自己同一性の問題として立ち現れる。ノーを言うなぜならそれはプロテストする者自身の自己同一性を脅かす自己同一性喪失に抗するプロテストだからであり、そしてこの何ものとも同一ではないという不安こそこの時代の大きな不安の一つなのである。

二

不安がる者を不安から守ってくれるのは何か。話すことは助けになるという一見陳腐な考えも、もはや話されることがないところでは意味がなくなるようにみえる。これは広く知れわたった事態だ。これは無

言の成功と褒めそやされるかと思うと、無関心なおし黙りだと非難される。ひょっとしてこれらのみが無言による不安からの解放の、あるいはパラダイスの二つのモデルだというのだろうか。それにしても黙ることは本当に不安からの解放になるのだろうか。

不安がる者は森の中で歌を歌う。だが彼は自分の声に驚いて口を噤んでしまう。彼は不安の前に言葉を失う。しかし彼は言葉を失うことに耐えることはできない。彼は自分の言語喪失を言葉で覆い隠そうとする。しかしそれは言葉なのだろうか。

話す者は一人ではない。彼は他人を呼び起こす。その中に遠いものと近い者とが、過ぎ去ったものと将来するものとが現前するような言葉を以て自分自身の他在(アンデルスザイン)を呼び起こすのである。彼は自分を自分に相対するものから切り離し、逆にまたこれを自分から切り離す。それと同時に彼はその切り離されたものと自分とを結び付けもする。彼は事物を命名することなく、権力に呼びかけ、二つに分かれたものを和解させる。言語は諸権力の下での平和をもたらす力となる。だがこの言語という力は他の諸力と並んで固有の場所を占め、他の諸力とはまた別の由来をもつ力の一つなのではなく、それらすべての中にあって、しかもそれに与かることによって他の諸力も話す者と同じように無であることに抗するような、そういう強力な構造なのである。「話す」と呼ばれる行為において、われわれが自分と自分がそこから切り離たものとを結び付けるのはこの構造によってである。言葉を失って一人でいることと、言葉を失って分離されていることはともに破壊の両極であり、われわれの発話はその両極の間を行ったり来たりしているのである。

これはまったくもって不十分な分析であり、また何らの言語理論でもないが、少なくともわれわれの目を言語喪失の状態に向けさせてくれる。われわれはこの状態をあるがままに受け入れなければならないの

だろうか。あるいはこれをも翻訳することができるのだろうか。だがこれがうまくいくのは、その言語喪失の状態があくまで言葉——つまりひょっとしたら言葉による歪曲を逃れようとして歪められてしまった言葉、あるいはまた言葉による歪曲にプロテストして歪められてしまった言葉という意味での言葉——である場合だけである。もしこの言語喪失をプロテストすることがうまくいかなかったら、この状態がさらに広がって、そこではもはや何も語られなくなることであろう。だが彼らの無言はもはや何の言葉がないことを幸せだと言うだろう。こうした状態の中に生きる人間たちは言葉がないことを幸せだと言うだろう。このような状態について詳しく述べるのは一見無駄なことのように見える。だがわれわれはそれが多くの人間にとって言葉への巻き添えから逃れる唯一の救いに見えてくることを知っている。とはいえこの救いを求める者はなお言葉を求めていると言えるのだろうか。

われわれは言葉を問うが、それは自分が話さなければならないという必要からわれわれを解放してくれるような曖昧なあるいは明確な「存在の言（ザーゲ）」というようなものではない。われわれが問うのは、言語喪失そのものたる無であることへのプロテストとしての言葉である。初めは言葉の内面におけるちょっとした問題だったノーを言う難しさは、今や言語喪失の状態における言葉の問題として立ち現れてくる。これは、間違った言葉や嫌な言い回しを恐れる誰もが自分の中にも他人の中にも持ち合わせている問題である。これは皮肉な観察者がその懐疑的な世代と呼ぶ、あの言葉を失った世代の問題であり、懐疑的な誰に対して懐疑的な言葉を見出さなければならない芸術の問題でもある。それらもまたノーを言うが、話すという意味での翻訳を見捨これはまたどの作品においても新しい言葉を見出さなければならない芸術の問題でもある。マニエールとジャルゴンはともに言語喪失の状態において言葉によって理解し合えない学問の問題でもある。それらもまたノーを言うが、話すという意味での翻訳を見捨いてもなお言葉を持とうとする試みである。

ててしまう。そしてそのような自らを切り詰めたようなプロテストはもはや言葉には帰って行かない。ノーを言うことは難しい。なぜならそれはプロテストする者自身の言葉を脅かすような言語喪失に対するプロテストだからであり、そしてこの言葉を失う不安こそが——たとえ不安がる者がこの無の中へ逃げ込んだとしても——この時代の大きな不安の一つとなるのである。

三

　誰が不安がる者をその不安について教えてくれるのだろうか。われわれはどんな教えにも心を開かない人間を知っている。自分からはプロテストしないので、彼はプロテストによって摑まえることもできない。彼は動きえないか、あるいは激しく動きうるかのどちらかがあるのだろうか。しかしそもそも彼には目標というものがあるのだろうか。

　動物的なものに退行しても引き裂かれることから守られるわけではないし、植物的なものに退行しても根絶から守られるわけではない。無機的なものに退行すればその両方から守られると言われる。確かに投げられた石は自分の方が砕かれないまま［相手を］殺すことができる。水はどんな障害があってもそれを回りながら流れていく。吸い込まれた空気はまた吐き出されなくてはならない。だが目標の放棄それ自体は何の目標も与えない。それはひょっとしたら越冬の可能性ではあるかもしれないが、少なくとも生きる可能性ではない。

　われわれが記述してきた運動、つまり無自己同一性の中における自己同一性喪失の脅威からの逃避と、言語喪失の中における話すことができないという脅威からの逃避には共通の構造が見られる。両者はともに自分たちが逃れようとするものの中に逃げ込む。運動の目標はどちらの場合も自己破壊である。だが自

己破壊は目標たりうるのだろうか。

人は運命を引き受けてそれに耐えなければならないという説得力のない慰めは、この目標を前にして口を噤んでしまう。自らを破壊する者は魅せられて禍いのもたらす魅力を説明できない。個々の不幸な症例の診断ができたところで、その個々の症例が病気でないとされる一般の人々の振舞いとなぜ、またどのような点で似ているのかといった疑問を医者から取り除いてくれるわけではない。だがわれわれはどうやってその類似を知るのか。

自殺、狂気の沙汰、自らすすんで台無しにした一生といったものにおいて、嫌というほど目に付く自己破壊には愕然とさせられる。だが自律した自我が自分を破壊しつつあるときでも、なお頑なに祝われる凱旋勝利は、無数のばれない自己背信の行動に比べればまだ害がない。こちらの自己背信の行動について述べようとすると、たちまち危険な隣人たちの批判に晒されることになる。彼ら隣人は「枕を抱えて」とか「羽枕に頭を埋めて」（エゼキエル書13、18）を軟弱と堕落の徴候、あるいはまた人生の厳しさからの逃避だと言って非難する。だが自分をすすんで台無しにするような消費と禁欲はともに同じ目標をもっている。前者は自己満腹化、後者は自己空疎化、つまり具体的で分かり易いか高尚かの違いはあるが、いずれも失望した自己がその失望から身を守ろうとする試みにすぎない。そしてその自傷の道行きにおいてはどちらも、たとえその試みに失敗したのはそれを実行する厳格さに欠けていたせいだというプロテストを受けたとしても、ただいっそう強固なものになるだけである。

初めは他人との付き合いにおけるちょっとした困難だったノーを言う難しさは、今や自己破壊の運動の中での抵抗の問題となる。この運動に抵抗しようとする者は、下手人と犠牲者が同一であることに気付かねばならない。だが抵抗という概念がすでに両義的である。帝国主義的な自己は自分の前に立ちはだかる

32

抵抗を、自分と他者たちのリアリティを証明するために探し求めた。また迫害におののく自己はその迫害に対抗できるような抵抗を求める。自己破壊の運動の中での抵抗はそのどちらでもあらねばならない。破壊的な運動それ自体の中で、その破壊に対する抵抗を見出すことに成功する者のみが、破壊の個々の行動に対する無力なプロテストをも巻き込んでしまう抗い難い流れの中で頑張り通すことができるであろう。彼にとっての困難は、間違った盟友の代りに正しい盟友を見付け出すことではなくて(この困難はほとんど解決不可能とはいえまだ少しは可能だった)、間違った盟友の中に正しい盟友を見付けることである。これがうまくいかなければ、他人の裏切りを伴った自己背信に終わるだけである。

ノーを言うことは難しい。なぜならそれはプロテストする者自身を破壊の脅威に晒してしまう自己破壊に対するプロテストだからであり、そしてこの自己破壊の不安こそがこの時代の大きな不安なのである。たとえ不安がる者が自己破壊によってその不安から逃れようとする場合でさえも、である。

補遺　オデュッセウスとK氏

一

ポリュペーモスの洞穴でのオデュッセウスの策略はすぐにばれてしまう。確かに牡羊の体にぶら下がっている間は彼は摑まらない。彼は密告さえできない。なぜなら「仲間たち、俺を欺して殺すなど誰もしないよ、暴力でもな」(1)だからである。しかしその彼も誰でもないことには耐えられない。目潰しを食らった怪物が彼の名声を告げるはずになっている。(2)そのため名を名乗って自分を裏切ることになるその男はす

33　1　ノーを言う難しさへの一歩，あるいは「試み」の問題

んでのところで、無名性の中に転落することができないことを自らの死でもって購うところだったのである。他の英雄たちは人間に殺すことと死ぬことを教えた。だがオデュッセウスが教えるのは、死の脅威に抵抗し、自己に同一であれということだ。自己同一性が死から生を守ることであるという意味で、彼の流浪は冥府をくぐり抜ける旅であった。

オデュッセウスは生き残りの英雄である。彼は怪物たちを打ちのめしたわけではないし、その呪いを打ち破ったわけでもない。彼はただいつもそれらの手をくぐり抜けて逃れただけである。彼はその自己同一性を証明しなければならない。彼は自分が抹殺されたり飲み込まれてしまう恐れのあるような場所にも誘惑されることはなかった。忘却による幸いを約束する魅惑の島々も彼を引き止めることのない時間が彼を怪物の手から救い出す。彼はいつもただ出立するばかりの人(どこにも立ち止まらぬ旅人の先駆者)として、自らの自己同一性を守る変わらざる者なのである。

旅の行く先々を結び合わせる絆は記憶である。記憶が彼を自己忘却や忘却されることから守ってくれる。記憶が彼に押し寄せてくるところでのみ彼の正体は見分けが付くようになるのである。難破者、乞食、我が家に帰る者として、それに成功する箇所が物語のクライマックスである。この証明はどのように成功したのか。

オデュッセウスの自己同一性は記憶された受苦のそれであるが、しかしそれは記憶や受苦の中に消失してしまうわけではない。彼の使命は帰郷することである。彼には一つの目標がある。それは、かつて彼の後継者でありまた反対役とも言うべきエアネスがそうであったように、そこから新たな存在が始まるというような目標である。つまりこの帰郷者は昔の秩序を再建するのである。この女神によって若返らされた者にとっては、その流浪も年を忘れた一人の女性の傍らにあって今やエピソードとなる。ちょうどこの流浪者にとってかつて泊った先々のいずれもがそうであったよう

に。立ち止まらないかに見える時間が元に回帰し、そこで立ち止まる。期待そのものが記憶になってしまうのである。オデュッセウスの自己同一性がこれほど危険に晒されたことはなかった。その恐れがあるように見えるときでも、彼はその脅威に晒された自己同一性を失うことができなかった。神託が予め想起された未来宿命付けられていたのである。神託が彼に警告を与え、受苦と帰郷を告げた。彼は運命に押し流される前であって、けっして現前化されたもの、想い浮べられたものではないように、彼は運命に押し流される前から漂流を強いられた抜け目ない男だったのである [der Verschlagene＝漂流させられる者＋抜け目ない男]。彼は学ぶこともしなければ忘れることもない。

 特筆に値するのは二つの後日談である。一つは彼の流浪の始まりについての話、もう一つは彼の死についての話である。トロヤ侵攻から撤退しようとするこの抜け目ない男も、漂流を逃れることはできない。彼の策略は基本的にはプロメテウスの犠牲詐術のように堅固なのだが、それでも二つの限界を抱えている。まず彼には自分の名を犠牲にすることも、息子を犠牲にすることも許されない。自己同一的自己の底にある暗い洞窟での狂気を装いつつ、一度彼は「誰でもない者」たろうとしたのだった。ちょうど後のキュクロープスの洞穴でのように。しかしこの策略は失敗する。息子への気遣いが彼を裏切るからである。彼は一方ではその名声、つまり循環する時間を超越した自己同一性という真の不死性を失ってはならない、他方で未成年の息子、すなわち時間の循環における自然的な自己同一性の担い手をも失ってはならないのだ。いずれの場合も全体への部分的献身（いかなる犠牲も分割払いであるように、いかなる策略も死からの身請けである）ではなく、全体そのものの献身、すなわち死が問題となっていよう。

 もう一つ考慮に値するのはオデュッセウスの最期である。彼とキルケーの間にできた息子テレゴノスは探し求めていた人物をそれと知らずエイの針で殺してしまう。これはいかにもオデュッセウスに相応しい

最期であるように見える。この受苦者は「誰でもない」ことを首尾よくやり遂げることができなかったのだ。自らの自己同一性を守ってきた男がその同一化に失敗して死ぬのである。彼は結局のところその自己同一性を失ってしまったのだろうか。

留まろうとするオデュッセウスにとってのテレゴノスの話、二つはともに息子が父親の命取りになるという話である。だが二人の息子はいかにも古めかしい仕方で父に代り、そしてその父との自己同一化を図る。つまりテーレマコスはキルケーの夫として、テレゴノスはペーネロペイアの夫として。流浪がエピソードとなったように、今やオデュッセウスの死が自然の生き残りとなるのである[11]。

われわれのみてきた物語は、破壊と自己破壊に脅かされた自己同一性のさまざまな種類の生き残り方を教えてくれた。自分を見分けのつかないようにする男の策略にはさらに、彼に不死性を与える二つの策略が加わる。すなわち子供の中に生き延びる自然的な不死性と、名声つまり誰でもなくはない者への記憶の中に生き延びる自然を免れた不死性の二つであるが、これらのうちの一つは秘儀が、もう一つは抒事詩が与える解答でもある[12]。

二

ブレヒトのオデュッセウス像たるK氏は「誰でもない者」という名をもっている。「K」とは「コイナー」[Keuner は keiner の南ドイツ方言]のことである[13]。これは生き残りの方法としての中立無関心をよく言い当てた名前である。だがK氏は一貫して中立無関心なわけではない。彼はソクラテスの方法を中立無関心だとなじるし（もう少し勉強していたら彼ももう少し分かっただろうに）、公平正義のために（彼

の住まいはもっと多くの出口をもっていなければならない）象を褒めたたえたりもする。なぜなら象は策略と強さを合せもち、悲しむこともでき怒ることもならず、食用とはならず、よく働くことができるからである。

それは目立たない地味な灰色をしており、その大きさでのみ目立つ。そして死ぬときは藪の中である。この好みの動物の描写はそのままコイナー理想像（イマーゴ）の描写でもある。つまりコイナー氏は誰でもない者ではないのだ。彼がこの名をもつということは何を意味するのだろうか。一つのちょっとしたエピソードが彼の困難を明らかにしてくれる。「しばらくK氏を見なかった一人の男が彼に次のように言って挨拶した。『あなたはちっとも変ってらっしゃらないですなぁ』。『おお』とK氏は言い、顔色を失った。」K氏の「おお」は不意を突かれた者の「おお」であり、不意を突かれたために顔色を失ったのである。ではなぜK氏はそれを不意打ちと感ずるのだろうか。

彼は成長が止まってそれ以上成長せず、「成熟」しなかったのだという観念論の解釈は役に立たない。しかしまた、彼は彼自身であるところのもの、つまりそうであればK氏は赤面するか恥じ入るだろうから。しかしまた、彼は彼自身であるところのもの、つまり性格のない男、一人の「コイナー」として不意を突かれたのだという実在論の解釈も役に立たない。そうであれば彼は顔色を失ったり赤面することはなく、むしろ喜んで満足していたことであろうし、自分自身との矛盾に立たされるというようなこともないだろう。

彼が自分の［誰でもない者としての］役割に納得していない場合の顔色を失うことができるのは、ただ彼が自分の［誰でもない者としての］役割に納得していない場合のみである。つまり彼は誰（ニヒト）でもない者（カイナー）ではない者として不意を突かれたのである。彼はこの自分に与えられた自己同一性を重荷のようにもち歩き、それから逃れられない。そしてそれが彼を裏切ったのである。だとすれば、これはあのポリュペーモスの洞穴でのオデュッセウスの困難の新しいヴァージョンにすぎないのだろうか。

オデュッセウスは誰でもないことに対して不安を抱く。彼はたんに一つの役割の中に入り込むのではない。その名がなかったら彼は誰でもなかろう。これが彼の不安である。K氏は自分の名前を明かした。彼がメルヒェンに出てくる下界の存在たちのような秘密の名前をもっているのかどうかは知らされていない。彼はちょうどあの自分の名前を明かしてはならないルンペルシュティルツヒェンの裏返しである。彼は「ああ、みんなが私のコイナーという名前を知ってくれたらどんなに素敵なことだろう」と言うこともできよう。このことはいったい何を意味しているのだろうか。

自分の名を明かすことは自分を放棄することと同じである。名前というのは分類整理するためのものではない。それは命名したものを魔術でおびき寄せ、それをしっかり摑まえておくものである。だから何かを語り伝える名前というのはすでに名前からの逸脱である。なぜならそういう名前は何かを認識し、自分を通してその認識したものを伝えようとするからである。名前とはカントが概念なき直観に対して認めてはならないとしたもの、つまり盲目的だが言い当てているものである。固有名として何かを語る名前とはすでに何かを伝えようとする試みである。まさにこれを試みてK氏は不意を突かれた。つまり彼はコイナーという名をもつが、誰でもないのではない。オデュッセウスが恐れた誰でもない者たろうとしても、彼にはそれができないのだ。

とはいえK氏はある特定の誰かなのではない。彼は講演をする。彼は役に立つ（象もまた役に立つ。というのも象は芸術のために何かをするし、象牙を生産するからである）、しかもプロテストもできる。一度彼は公開の席で権力［ゲヴァルト］「暴力［ニーマント］」に反対して一席ぶった。だが人々がえらく尻込みしているので、後ろを振り返ってみるとそこに権力が立っているのだと言ってしまう。彼の生徒たちは、なぜあなたは一貫していないのかと質問する。

38

するとK氏は彼らにエッゲ氏（Eggeとは柔らかな'g'をもった「角Ecke」のことで、それにぶつかる者は誰もいない）の話をして聞かせる。非合法時代エッゲ氏のところへ一人のスパイが指令を受けてやってきて、彼に問う。君は私に仕えるかと。エッゲ氏は、そのスパイが多くの睡眠と食事と命令のせいで肥え太り死んでいくまでの七年間一言も発せずに仕える。そしてスパイが死ぬとその亡骸を戸外に引き摺り出し、家をきれいにして、ほっとした安堵とともに「ノー」と言うのである。まさに私にも一貫性などというものはあってはならないのです。私は権力より長生きしなければならないのですと。

ここで幾つかの疑問が湧いてくる。エッゲ氏はそのスパイを転向させられなかったのか。エッゲ氏には不可能だった。彼が生き長らえたのは偶然か。偶然である。この無言のプロテストは少なくとも効果はあったのか。誰かがこれをプロテストと受け取ったのか。少なくともコイナー氏はそう受け取った。だがこの二人エッゲ氏とコイナー氏は何に対して身を守るのだろうか。

彼らは（例えば権力に反対して）講演するときでさえ、権力に対してではなく、言葉によって巻き添えを食うことに対して身を守っているのである。生き残りという名声を歌われないようなオデュッセウスはもはや誰でもないだろう。コイナー氏ならば名無しに陥ることがない場合、またエッゲ氏ならば自分を救う無言がなくなったとき、初めて彼らは誰でもない者ニーマント・ザインとなろう。そのとき初めてK氏は本当に誰でもない者ニーマントという名前に不意を突かれることとなろう。ということはこれは誰でもないことから誰でもないことニーマント・ザインへの逃亡にすぎないのだろうか。

生涯正体不明であることを推奨して止まなかったブレヒト（「君に言っておくが、跡を消すんだ」[15]）はわれわれの住む都市を、象がその中に入って死ぬ藪に見立てて、脅威に晒された自己同一性をその作品群の中心に据えたのであったが、彼の作品の登場人物たちの自己同一性は、彼らの住まう世界の自己同一性と

同じように「損なわれて」いる。

例えば荷造人足ゲイリー・ゲイの自己同一性は余りにも卑小で、難なくすげ替えられてしまう。つまり自己同一性を隠す者のみがそれを保持できるのだ。『折り合うことについてのバーデン教材劇』に出てくる飛行機から墜落した組み立て工たちの自己同一性は犠牲に供されなければならない。つまり自己同一性は犠牲にされて初めて社会に役立つことができるのである。善と悪の二つの顔をもった四川の女シェン・テの自己同一性は分裂した道化師のシーンの中のシュミット氏が示す苦のない自己同一性にほかならない。それは幸運に付けられた新しい名前である。なぜならトとイオネスコを先取りする道化師のシーンの中のシュミット氏が示す苦のない自己同一性にほかならない。それは幸運に付けられた新しい名前である。なぜならべてを同時にもつことは不可能だからである。K氏の自己同一性が生徒たちにとってそうだったように、[ブレヒト描く]ガリレイのそれもその弟子たちにとっては何をしているのだろうか。

ゲイリー・ゲイはプロテストをせず、ゲイリー・ゲイのままであろうとしない。組み立て工たちは学んで慄然とする。(彼らにとってそれは、「処置」に出てくる自分を放棄しようとしない若い同志に比べてより大変だというわけでもない)彼らは、自己同一性を失いたくなかったばかりに他人から認められる以外何の自己同一性ももっていないことを思い知らされる「飛行士」を歌う。シェン・テは苦痛に両手をよじるが、このどうにもしようのない状態こそが彼女の「まるで正体不明」の歌を歌う。苦痛に耐えられず、いつも幸福を求めているシュミット氏は抹殺されてしまう。マハゴニーの男たちだけが毅然としてノーを言うが、しかしそれは地獄への行進に対しての一回だけである。彼らはもうすでにそこにいるのであり、誰も彼らをそれ以上追いやる必要などないのだ。しかしガ

リレイとK氏は？　彼らには課題がある。では彼らにはノーがあるのか。——ここでブレヒトは揺れ動く。「考える者」が嵐を克服するのはただ「卑小さを装う偉大さをもっている［雌伏に耐える］」ときだけだと彼は知っている。より良き世界のために認識すること、それは立派な課題ではある。だが越冬（K氏はこれを生き残りと呼んでいた）はしばしば残された唯一のそして非常に骨の折れる課題である。混沌とぬかるみから生を更新する（ブレヒトの初期の作品に出てくる水死体はまだ恩恵に流れ着くことがあった）などということはもはや社会にとっての可能性とはならない。老子風の非暴力は、エッゲ氏の柔らかな心。の中に取り入れられて、ただ怠惰なスパイを殺すだけである。とどまることと識別可能なことの代用、つまり飛躍と自分を正体不明にすることは、その飛躍をする者が予備に蓄えている力を依り処としている。『船上のバラード』の中の「ゴム人間」はまだにやにやしながら次から次へと船を乗り換える（ベケットのニーマントたちは松葉杖に縋って地を這うように歩くか、干上がった土地の上に立つ船の胴体部に汚物と一緒に横たわる）。「靴を履き替えるように国を変える」亡命者にはもはや力がない。登場人物「一」と「二」によって解体されてしまう男シュミット氏は、その成り行きをすべて見なければならない。というのも彼の頭は最後に取り外されるから。

かつての英雄的なニーマント像は、プロトスやラフカディオ・ジッドのようにその摑み処のなさをまだ浮遊として楽しんだ。彼らは機敏な自分たちを甲殻類、つまり頑なに自らの自己同一性にしがみつく市民に対置させ（今日で言えばキューブスやスクェアズに対してヒップスターズを対置させるようなものだが）、互いにその浮遊において相手に勝とうと競い合ったものだった。これに対して今日のニーマント像は空洞つまり本当の無であろうとする。しかしロブ＝グリエの登場人物たちも示しているように、空洞とはまさに摑み処のない否定的なものである。

K氏は誰でもない(ニーマント)ことの困難を解決しなかった。彼はそれを説明し、そうすることによって自分の自己同一性を分からせようとしたのであった。だが彼が「卑小さを装う偉大さをもって［雌伏に耐えて］」嵐に立ち向かう「考える人」であったのかどうかは極めて疑わしい。

2 ノーを言う難しさ、あるいは喪失に脅かされる自己同一性

一

1 まだ何も定義されているわけではない。ノーを言うこと、非存在、困難、これらは何を意味しているのだろうか。われわれは問うことができる。しかし定義ができるのだろうか。定義というものの古典的定義はある系譜的に秩序付けられた世界を前提としており、その定義したものを硬直させる。というのもそれは新しいものを古いものに還元し、生み出されたものを生み出すものの配下に置き、「種―属」（ゲシュレヒト）の連鎖を貫いてその起源の力を保持するからである。その種属は分岐し広がっていくが、いつまでも同じままである。だが言葉というものは、発せられると、それが入り込む文の連関の中でさえ、けっして同じままではない。「AはBである」という形式の定義はAおよびBの非＝同一性を前提としている。定義をしながら私は二つの概念を発話によって固定するかに見えるその瞬間、同時にその両者の境界を突き破り、新しい境界を作ることなのだろうか。あるいは非＝同一性を経由する道の上にあるさまざまな意味を呼び戻すことになりはしないだろうか。

43

しかし定義の中に表れてくるのと同じ疑わしさが、すでに同一性という概念の中にも潜んでいるのではないのだろうか。「AはAである」という同一性を定式化するとき、私はそれについての判断を免れているわけではない。それが空虚なのはただ見掛けだけである。判断力、つまり逆らうものを統一する力はこの「AはAである」という判断の中でも働いているのである。それにしてもこの判断の中にある逆らうものとは何なのだろうか。なぜAは、それが同一であることを口に出して言おうとするや、分裂しなければならないのだろうか。それともAはすでに「AはAである」という命題を発する以前に分裂しているのだろうか。あるいはまた「AはAである」はただノー、つまりAは分裂していないということだけを言おうとしているにすぎないのだろうか。

このような問いを無意味だとして退ける者は、その中で諸々の判断が有意味となってくる世界をも退けることになる。とはいえ彼がそれを退けるのも、それ自体が判断であるような一つの命題においてである。われわれの問いを退ける者はこの分裂に対して身を表現せざるをえない世界、すなわち同一性の命題がその分裂に対してプロテストしているところの世界に対して身を守っているのである。したがって「Aはにもかかわらず Aである」、これがその命題の意味なのだ。

「AはAである」という判断は分裂を表現すると同時にその分裂にプロテストしてもいる。つまり彼は、自分としては認めたくないが口に出して表現せざるをえない世界、すなわち同一性の命題がその分裂に対して表現すると同時にその分裂を退けるのだ。つまり彼は、自分としては認めたくないが口に出して表現せざるをえない世界に対して身を守っているのである(1)。

この命題は保守的な契機と未来に向かうユートピアの契機をもっている。すなわち「Aはいつもそうであった」と「Aはついにそれ自身のところへ到来した。今やそれはAである」の両契機である。しかしAのままだった」。この命題はもう一歩先に進む。この命題はこの二つの契機にそれぞれの面を認めると同時にそれらを統合する。つまり「起源神話的」な解釈(2)と「予言者的」な解釈

44

に加えて、この命題の「キリスト論的」な解釈が入ってくる。いやまさにその「定義」つまり有限な限定（AはAであってBではない）において、非存在に抗して自己主張するところのこの存在を表現するのである。脅かされるAは同時にその脅威に抗するAであり、そこに抵抗の力が見て取れる。Aを言う者はまたBも言わねばならないが、そのAを言う者のBは新たなAである。一見固定した「AはAである」という公式の中には、古いものにとどまることなく、非存在に抗して自己主張しつつ自らを更新していく存在がまだ現前しているのである。それはまた過去、現在、未来を超越したあの命題、つまりかつての哲学的解釈の中にも現前している。パルメニデスの言葉「非存在は非である。」は、それが否定している生きた存在の名において非存在にプロテストしているのである。しかしその生きた存在はどこに見られるのだろうか。ポリスにおいてなのか。ポリスもまた失くなるとしたら、いったいどこにだろうか。

同一性の命題は同一性という概念を定義するどころか（それは種的差異も類ももってはいない）、むしろ「ある」と言いながら非存在に抗して自己主張することの難しさを明らかにする。この「ある」と言う者は非存在に向かって「ノー」を言ったのである。だから「ある」と言うことの難しさは「ノー」を言う難しさであり、その「ノー」を言う難しさは非存在に向かってノーを言う難しさにほかならない。

この公式はあらゆる公式の例に漏れず抽象的でかつ図式的に分からせようとするものである。これを何度も繰り返す者は、これをラマ教の地蔵車のように扱う危険に陥る。しかしその当人を守ってくれるのが、それ自身同語反復の公式にすぎないように見えたあの命題すなわち同一性の命題なのだ。ブレヒトが「都会の住人たち」に跡を消すよう忠告した時代、また変わることのなかった「コイナー」氏が「おお」と言って顔色を失った時代においては、もはやこの

45　2　ノーを言う難しさ、あるいは喪失に脅かされる自己同一性

命題を、何か「単純なこと」を言い表す論理的なカテゴリーとみなすだけでは不十分である。——因みにここで言う「単純なこと(ツー・アイゲン)」とは、例えば実体の不動性、存在の至福の中立無関心、ノーを言うことを放棄した者が「属して」いるところの「出来事(エァアイグニス)」といったことであるが——同一性の命題とは破壊と自己破壊に脅かされる同一性の命題であり、それは非存在に向かって「ノー」を言う難しさを「主張」しているのである。

2　では同一性の命題とはたんにひとつの「主張(ベハウプトゥング)」にすぎないのだろうか。さしあたり明らかになるのは、そのように言う者が、主張する面倒から解放されるための保障を求めているということである。つまりそれは「主張」のない保障、すなわち非存在から異議を唱えられて煩わされることのないような存在、あるいは異議を唱えられたり、両義的であったりするようなものの彼岸にあるような存在である。だが同時に明らかになることは、「たんにひとつの主張」という非難が、不断に交錯し合う諸動機のせいでさまざまな意味をもってしまうということだ。幾つかのことを挙げてみよう。

論理法則というのは一義的でなければならないと言われる。しかしそれが可能になるのは、その論理法則が抗争している相手を押さえ付けるか、それを大目に見る場合だけである。前者の場合、論理法則は両義的なものに一義性を強いろうとする。そして自分が一義化しようとしてうまくいかなかったものに対しては破壊的な無視を以て報復する。二つ目の場合には、われわれに尺度、つまりあらゆる両義的なものを越えた非暴力的な彼岸たろうとする。それはわれわれに無力と拘束力とを等置したくなるような気を起こさせるもので、いわば抗争し合う勢力が要求する拘束力など信ずるに足らないものだとして拒否してしまうにちがいない道である。だが論理法則がそのど

ちらの道をも取らなかったとしても、あるいは抗争し合う勢力の互いの要求を満たすモデルとして、押し付けの協定でもなければ反世界(グーゲンヴェルト)でもなく、むしろその抗争し合う者どうしの間に打ち立てられた平和のイメージというようなものであったとしても、その法則自体は満たされないものとして、抗争し合う者たちの主張に対立することになる。

同一性の命題がさまざまな仕方で表現しているように見えた、あの「主張」という概念だけを説明するためにさえ、はたして以上の三つで足りるのだろうか。論理法則の働きについてのこうしたモデル表象を背景にして考えたとき、そもそも「主張」とは何なのか。

最初の場合では主張、とりわけあらゆる主張の棘となる自己主張は服従を拒む主観性として制圧の対象となるか、あるいは文の中の不変化詞や文の抑揚やよりうまい言葉の選択などのように、取るに足らないニュアンスとして大目に見られるかである。だがニュアンスも注意を要する。なぜならそれは密かに反抗のニュアンスを育んでいるからである。

二番目の場合の主張はこの嫌疑を免れている。それは反抗的ではない。それの宿命はむしろ紛糾しているこることにある。ちょうどあらゆる生がこの世の生存上の紛糾に関与しているのと同じように。「たんにひとつの主張」という言い回しは二つの世界の間の絶え間ない分裂を表現しており、そしてそのどちらの世界にも属することが、それらの間で引き裂かれた者に与えられる特権となっているのである。

第三の場合においては主張は要望(フェアランゲン)、いやむしろ要請(アンシュプルッフ)を言い表している。しかしこの要請は満たされることがない。またそれがどのように、いつ満たされうるのかということも分からない。ここで「たんにひとつの主張」という言い回しが意味しているのは、それはまだ十分ではない、ということなのである。

われわれは最初に、「主張」というものを下位ランクの論理的カテゴリーだと決め付けようとする諸動

47　2 ノーを言う難しさ，あるいは喪失に脅かされる自己同一性

機はつねに交錯し合っていると言った。しかし付け加えておくべきは、それらの動機は、それ自体もまた主張として言い表される以上、もしその主張の中に、決め付けを免れた「主張」のモメントが入っていなければ、その互いの交錯も不可能になってしまうということである。われわれの見るところ、われわれが同一性の命題の解明においてさまざまに解釈しようとしたあの「主張」のモメントこそが問題なのである。同一性の命題は自己を = 主張することの威力を表現している。それはその威力を同一化という形式において言い表しているのである。

3　われわれは一体どこに確固とした同一化のモデルを見出すのだろうか。どんな宗教もそのようなモデルを構想している。宗教の啓示は確固としてゆるぎのない啓示である。この同一性の命題の解明は次の三通りに理解される。一つは「古い」Aを断固守ること、つまり起源の威力との同一化という強迫性格であり、この威力から離れることは同一性の喪失を意味する。古典的な「定義」はこのモデルを使っている。種属（族）の連鎖はとぎれてはならず、演技者は英雄的行為のモデルの中に「入り込み」、先祖の仮面を着ける者は先祖で「あり」、そしてまたその部族に生まれた子供は誰もみな故人の生まれ変わりで「ある」というわけだ。

第二のモデルにおいては、「新しい」Aにおいて初めて「古い」Aはわれに返ることになろう。それまでは古い方はまだAそれ自体ではなく、引き裂かれ救済を求めていたのである。新天地への期待が旧天地の神性による強迫を打ち破るのである。しかしその期待は現存するものの転覆変革とそれの静観的甘受との間を揺れ動く。これを存在論的に言い表したりすれば不信を呼び起こすに違いない。というのも革命が成功し、天国が近付き、人間が人間になるまでは、どんな言葉も存在の構造を言い表すことはないから

である。

そして第三のモデル、これはいずれのAにおいても両「側面」を統一することである。古いAが新しいAにおいて初めてわれわれに返るとすれば、それはもっぱらすでに新しい方が古い方の中にも現前しているからであるが、だがそうだとすると、その新しいものはどんな古いものの中にもあることになり、最終的にはそれはどんなものの中にもあるということになってしまう。恩恵は起源の中や到達点にあるだけではない。由来も目的も手段を正当化することはない。そうではなくて（カミュがかつて見出した見事な言い回しを借りて言えば）手段の方が起源や目的を正当化するのである。「存在論」なくしては「革命」は遂行不可能であろうし、どんな変革も「古きもの」への盲目的な逆行となってしまう。「AはAである」という公式は、葛藤と戦い取られるべきその葛藤の解決を体現しているが、その解決は断片的な形でどんなAの中にも現前しているのである。

これらの三つのモデルと並んで第四のモデルがある。それは第一のモデルの強迫、第二のモデルの失望的期待、そして第三のモデルの緊張努力のいずれをも免れたモデル、すなわち中立無関心のモデルである。これはどんなものにも扮装することができ、どれをも正当化する。というのもそれは「誰もAを不当に扱ってはならない」「Aはまさにそうあるもの、すなわちAである」という公正の歪曲像にほかならないからだ。これはどんなものとも同一化するかと思えば、何ものとも同一化することのない公式である。われわれは次のような近親性に気付いて驚愕する。すなわち「オール・オア・ナッシング」という言い回しは、決断のなさと決断との区別、「オア」という言葉のもつ危険な両義性を瞑想的沈思の特定の度合いや実証主義的収集欲の特定の程度に結び付けてしまう。この言い回しは実存主義的なプロテストのある特定の形式で、あるいは喪失に脅かされる自己同一性これは先の三つのすべてのモデルにおいて同時に、同一化の緊

張努力とその危機からの回避を言い表しているのだが、この回避はけっして同一化そのものよりも楽だというわけではない。

われわれは簡略化のために、これらのモデルにそれぞれ名前を与えることができる。例えて言えばそれは、神話論的同一化、予言的同一化、キリスト論的同一化、そして仏教的同一化となる。しかしその場合忘れてならないのは、生を主張する同一化の威力はこれらのどのモデルの中にも潜んでおり、その一つの中だけではないということだ。試みにキリスト論的と名付けた公式は他のどの公式の中にも含まれている。どんな啓示の中にも抵抗の場所を見出すことができる。それはたとえ制限されているとはいえ、抵抗の無条件的な力への問いに対する解答なのである。

われわれのモデルは「積極的」な解答を与えはしない。つまりそれは人間の生において同一化が何を意味するかというようなことを教えてくれることはない。すなわちその同一化がその中で生ける者どうしが互いに結合し合う過程を意味するのか、その過程を止めてしまうような生ける者の凝固を意味するのか、それともまた失われて、もはや取り返しがきかなくなった統一の代用物を意味するのか、そういったことについては何も教えてはくれないのである。

われわれは「より生きた」モデルを問うことにしよう。

二

1 「私は私である」という公式は自分を自分に同一化するモデルである。一見ナルシスティックなこのモデルも、言葉を経由する道の上では、私と汝の関係つまり他者との同一化の問題に繋がっており、したがってまたそれは同時に同一化の限界をも示している。

50

「私」を言う者は自分を自分に同一化する。彼はそこに立っている誰かであるにとどまらず、自らを表す者(ダールシュテレン)でもある。自分を表すということは他者に対して自分を晒すのだが、まさにその他者に対しても骨の折れる仕事である。

自分を表す者は他者に対して自分を晒すのだが、まさにその他者に対しても骨の折れる仕事である。自分を表す者は他者に対して自分を晒すのだが、まさにその他者に対しても骨の折れる仕事である。

まず一方で、私を言う者は存在の根底に至るまで「開かれ」ている。私を言う方の私はけっしてそれによって言われた方の私とは同一ではないし、また言う方の私に向ってはその背後に無尽蔵の他の私が立ち現われてくる。しかし明らかなことは、私を言うという行為の中にだけであり、それを見て取れるのはただ言われたものにおいてのみであるということだ。この関係が壊れてしまうと、言うという行為は消し去られ、それとともに私を言いつつ自己主張するという可能性も消し去られてしまう。だからアートマンとブラフマンの同一性というようなものは飲み込んでしまう可能性のことである。

他方また他者は、私に私を得させてくれる相手であるにとどまらず、両義的な力として私に劣らず暗くて危険なものである。私はそれに反発すると同時にそれを求めもする。私は他者を完全に自分のものにすることはできないし、自分を完全に相手の手に委ねてしまうこともできない。自分を自分に同一化すると、いう行為を言い換えた「私は私である」という公式に出てくる後の方の「私」は、確かにある同一性を言い表しているのだが、それは他者には捕らえられ難いままに止まっている同一性のことでもある。言い換えれば「私」とは、それを使って誰もが自分自身を他人には一人の人間に呼び掛けることがありえない名辞でもある。それはだから対等を目指しているように見

える。つまりどんな人間も他者に対しては汝、また自分自身に対しては私、と言いうるならば、この汝と私は互いに「われわれ」を目的として補い合う対応語ということになる。アートマンとブラフマンの飲み込んでしまう同一性の中に陥ることを拒む私の同一性とは、なによりもまず汝を通り抜ける通路において首尾よくいく私と汝の同一性、すなわち「われわれ」である[8]。

これは生ける者の同一性にとっての公式に見える。だがこの公式は汝と私を飲み下してしまう恐れがあるばかりか、その両者を新しい汝によって置き換えてしまう。言葉というものはわれわれを唆して性急な解決に向かわしめる。だがそれは「われわれ」の下で消失してしまう諸々の自己意識どうしの葛藤を延期するだけにすぎない。

ヘーゲルが言う承認を巡って相争う自己意識の運動とは、互いに自分を相手に委ねたり自制したりする儀礼のことである。他者の中にのみ自分を見出しうる私も、その相手の中に自分を失ってしまうわけにはいかない。だから他者を屈服させなければならない。そうなると他者は、その中に私が自分を見出しうるところの汝であることを止めることになる。つまり他者に服従してしまえば、私は他者の中に自分を失ってしまうし、逆に他者を征服してしまっても、自分を見出すことができないのである。あるいは言語のレヴェルで言えば、私を言う者は汝を言う者から次のような状況、すなわち自らを汝と言うことはできず、私と言わねばならないような状況を強いられており、そして「われわれ」とは、この事態のその都度の確認にすぎないということである。これはヘーゲルが主人と奴隷のイメージの下に相互征服として、またサルトルが対象化するまなざしの分析において述べたのと同じ状況である。違いは、ヘーゲルが自由な「作用反作用〈諸力の戯れ〉[11]」というものをまだ信じていて、それがその描写に儀式の肩肘張った厳めしさ[の印象]を与えているのに対して、サルトルは儀式を描写していて、それがその描写しているところ（例えばある小市民の町で教

会に向かう人々の挨拶の儀礼(12)においてさえも、その儀式から交互性の性格を取り除くことによって、この儀礼を異化しているということである。サルトルの疎外されたまなざしの分析は、まなざすという現象を知らない。他者の目を跳ね返ってくるまなざしの失望という現象、つまり自分の像を送り返してくる鏡としての他者の目を知らないのである。なぜならその知、まなざすことの中にある一体化という目標を知らず、ただまなざすことによる他者のまなざしの無力化ということしか知らないからである。

まなざしにおける一体化に対応するような状況とは、私を言うことのみならず「われわれ」を言うことによっても打ち破られてしまうような、相互に汝を言い合う状況のことである。しかしまさしくこの状況はもはや首尾よく自分を自分に同一化するという状況（これは私を他人に同一化することでもない）ではなくて、自己同一化の労苦を免れた状況である。贈与された同一性（いわばまさに表現不可能なるがゆえに誰もが使うこともできないような同一性）というモメントは同一化の問題を解くことはできない。このモメントを同一化の「恩恵面」だと見なす者（つまりそれなしでは人間は一瞬たりとも生きることはできないだろうし、そしてまさにそのために神々は目をもち、人間を統御していいるだけでなく、自分の視野に収めてもいるのだと考える者）には贈与された同一性だけを切り離して捕らえることは許されない。疎外されたまなざしについてのサルトルの分析はまさにその切り離しに対するプロテストであった。だが同一化の恩恵面はまた疎外された同一性の深さでもあり、そのモデルとなるのは融合の瞬間ではなくバランスである。そしてこのバランスに成功するかしないかが、また「私は私である」という公式の使用にとっても決定的な意味をもつのである。というのもこの公式の中にある私は、たんに汝に対峙したり、「われわれ」に依拠したり、あるいはそれの中に消失したりするだけでなく、それ自体がさまざまな葛藤の産物だからである。同一性とはバランスを保つ概念なのである。

2　人間はもっぱら「つねに＝繰り返し＝新たに＝自分を＝同一化する」という厄介なプロセスを通してのみこのバランスを見付けることができるということ、そしてそのどんな同一化も、自分が巻き添いをくったり孤立させられたり、しがみつかれたり引き裂かれたりして、失敗することがありうるということ、これらのことをはっきり示しているのが、人間の自己同一性を獲得しようとする最初の試みである。誕生するや否や母子の一体関係が引き裂かれることは、直接的な充足に代って生ずる一連の拒否において初めて明らかになる。フロイトの弟子ルネ・シュピッツが力説したのは、「自己」の起源の分裂された自己同一性喪失の脅威とは愛を喪失する脅威であって、その同一性の問題とは分離と一体化とのバランスの問題なのである。

長年の葛藤の中で獲得され、一生を通して脅威に晒される「私」の同一性は次の三様のノーを経験する。一つは、最初の拒否（「ダメ」）を通して子供を論さねばならない母親に対するノー。第二は、子供が分離の苦痛に耐えるべくその拒否する母親と共通のことをしなければならないという限りにおいて生じてくる「自分」自身に対するノー。そして最後は、否定された自己と否定する自己との間に引き裂かれるという状況に対するノーである。要するに自己は分離の苦痛において初めて生まれてくるのである。自己は他者であると同時に他者ではなく、自己自身であるとともに自己自身ではない。そしてそれは引き裂かれの状況であるが、かといってそれがその中に消失してしまうものでもない。

子供の最初の意味的身振りは否定の身振りである。母親から見覚えたその身振りは、否定する者に対するプロテストとそれとの同一化の両方であるように見える。だから小さな子供たちは頭を振り振り禁じられたことをするのである。だがその身振りはたんに母親から見覚えただけのものではない。それは同時に

子供の最古の希求の身振りであり、つまり乳房を口に含んで吸おうとする新生児の頭を回す動作でもある。重要なのは、まさにこの動作が否定の担い手になるということ、そして働きの転換を変えられてもそのプロテストは依然として希求のままだということである。しかしこの身振りの働きの転換がうまくいくかどうかは確かではない、というのがシュピッツの研究の悩ましい帰結であった。われわれが言いうることは、それは子供が最初に成功しなければならない転換、つまり破られていない一体化への希求を、プロテストと希求の両方であるような破られた希求へと転換することだということだ。この転換がうまくいかないと、観察者は同じ身振りを否定と誤解し驚くことになる。例えば拒否［断念］と充足とのバランスの「習得」を妨げられたホスピタリズムに「罹った」小さな子供の貪るような頭振りのように。つまり彼らの頭振りは否認された満足を幻覚のように再現しているのである。一見破られていない現実に退行することによって、この否定でない身振りもまた一つの否定となる。だがわれわれには、なぜこの否定が無力であるかが分かっている。この否定は否定された現実に触れることはないし、それを自分の中に取り入れたり、それと「歩調を合わせる」こともしないからだ。プロテストの力が目覚めるのはまさに両義的な身振りにおいてである。「普通の」子供の場合、引き裂かれを示す同じ同一化が、引き裂かれに対するプロテストでもある、というような区別をすることはできない。この同一化がどこに向かうのか、それは踏みにじる運命の権威をも含めたあらゆる権威との同一化に向かうのか——なぜならそれがこの運命に耐える唯一のチャンスだからであるが——、それとも盲目的な私の同一化、つまり引き裂かれた者を手付かずのままにその引き裂かれから守るというあのナルシスの致命的な自己自身との一体化に向かうのか、あるいはまた希求とプロテスト、分離と一体化といったものの間のバランスないし自分の中の他者性とのバランスに向かうのか、そういったことはわれわれには「知

る」ことができない。とすれば私＝自己とは、けっしてそれ自身であるとか、それ自身ではないというようなものではない。つまりそれは自己同一性でもなければ非自己同一性でもなく、なによりもまずそれら両者の間の同一性を作り出すことなのである。この両者に引き裂かれることに対してノーを言うことにおいて、彼の最初のノーがその言語の最初の言葉となる。だがそれはただ引き裂かれることに対してのみ向けられたものではなくて、引き裂かれた現実にも向けられる。そしてその現実の中にバランスのモデルを探すのである。それは自分を支えてくれると同時にそれに歯向かうこともできるような相手を必要としているのである。

三

1 私がノーを言いうるのはもっぱら私の相手〔対象〕に対してだけである。そのことはかつて不安と恐怖を区別するための出発点でもあった。そしてこの両者を分離することは、たんにそれらを区別することにとどまらず、人間の状況を「対立的＝グーゲンユーバー＝であると同時に＝その中に＝イン」という形で引き裂くことをも意味している。私の相手はたんなる「存在なるもの」でもなければ、また他のものと並んである「一つの存在者」でもない。それは私と同じように存在の「深み」にまで及ぶが、その深みはまた私の中におけると同様、その存在の中にも「閉じ込められ」ているのである。私の相手は一つの体現である。それは（私と同じように）自分を表出する内部である。その場合私は（相手と同じように）次のような二つの危険性の中に置かれる。一つは、その相手の表出を自分とは関係のない表面と見なしてしまうこと（自分がその中で相手と交流する深みにおいてではないという意味、つまり少なくとも哲学する者としてではないという意味で）であり、もう一つは、その表出（つまり自分のぶつかる最初の対＝象、自分がぶつかっていると思

っている唯一の対＝象）のみを自分に関わりのあることと見なしてしまうことである。

　相手がある限り、私はそのように振る舞うことができる。また相手を破壊するような場合でさえ、そう振る舞うことができる。一般に物象化として批判される一つの危険性は、他方でもう一つの危険性を見過ごしてくる不安をあまりに完璧に客観化してしまうため、その結果無形性という形ごし、それをまさにその行き過ぎた客観化に対するセラピーとして処方したり、その治癒法として勧めたりしてしまう。偶像化された形象という硬直化をもたらす相手に対するプロテストにはつねに、形作られた世界を軽視したり、世界＝形成に対して表面的で軽蔑すべき諸業という嫌疑をかけたりするという方向に転じてしまう危険性が付いて回っていた。少なくともドイツ的展開の一つの大きな宿命的傾向はそのように説明できる。例えば教会旧守派（オルトドクシー）の団体形成的な宗派に対する戦い、それらの自国からの追放、さらには挫折してヨーロッパ的啓蒙哲学が表面的で薄っぺらだったのでは、という今日なお喧しい嫌疑⑭、それた革命や自滅した共和国の歴史というように。この歴史の随伴者はシニシズムであった。だがこの冷笑家の機会を伺うような泰然とした態度も、結局はあの無形の世界に対する恐れ、つまり彼が不安概念をそれだけ沈着にその都度生ずるものに従いながら、まさに不安に満ちたやり方で先駆的に描いたあの恐れに終わってしまった。一見切り離すことによって、彼はそれらの崩壊に対して毀傷の喜びと嘲笑を以て報いる。しかし満たされないがゆえの不幸を背負った彼自身もまた相手［対象］が次から次へと滑り落ちていく世界に立っているのだ。

　彼の状況はわれわれの状況でもある。われわれは摑みどころのない世界の現実⑮をどのように描写したらよいのだろうか。ある一人の若い社会学者はかつてこの状況を「ジャングル」状況と呼んだ⑯。もう少し年のいった学者はそれを「時代を超越した安定」への途上だと賛美し、その安定に至れば、もはやイデオロ

ギーの「架橋」を必要とするような「裂け目」はなくなるのだとと述べたのであった。
少なくとも確かなことは、プロテストは体現を必要としているということである。頼るもののない者は
その頼りのなさによってしかプロテストしないし、言葉を失った者がプロテストするのは、その口の利け
なさを通してでしかない。しかしこの頼りのなさと口の利けなさは一体何に向かって答えているのか。私
はここで一人の若いドイツ抒情詩人の概念「泡」を考察の俎上に載せてみることにしたい。

2 「泡」という言葉は特に、今日遍く広まっている経験を記述するのに役立つ、次の三つの長所を備え
ている。(1)泡は摑みどころがない。つまりわれわれはそれを摑まえようとするが、手の中に止めておくこ
とはできない。どんなに多くの形を持とうが、われわれはそれに持続的な形を与えることができない。(2)
泡にはリアリティがない。例えばそれは水の上を漂いながら、その水を覆い尽くすことができるにもかか
わらず、それ自体は水ではない。しかしそれは水から出来てもいる。(3)泡はおいしく飲まれる一方で、窒
息させることもできる。つまり命取りにもなりうる。

ここで言う「泡」とはもちろんメタファーである。その点ではそれは他の言葉と区別がつかない。しか
しこの言葉は似ていないものを似たものにすることによって（まさにそれも「泡」という性質の中にある
ことだが）、そのさまざまな差異をもった似ていないものからその性質を拭い払ってしまう。言い換えれ
ば「泡」とは自己同一性喪失のメタファーなのだ。

しかしこの描写は正確ではない。「泡」とは高揚した生のメタファーでもあるのではないのか。泡は熱
狂した者の口元にも見られる。喜びは泡立つように沸き上がる。アフロディテは切り取られた男根の泡か
ら立ちのぼる。

これらの例、つまり消尽や恍惚をもたらす情動や、誕生前の発酵状態にある生殖素材の例もまた失われた、あるいはまだ獲得されていない自己同一性の例である。これらはメタファーの起源神話的側面を言い表し、その中にあるカオス的性格を強調している。とはいえそれらは先の泡についての規定を覆すものではない。それらがわれわれにそっと教えているのはただ、もう一度あの無形の生の中に潜り込んでいきたいという絶望的な憧れが、実はその無形のものに対する恐れの裏面だということである。しかしこれらはわれわれの経験に当てはまるような例ではない。

メタファーの神話学的含意を集めてみようという誘惑に駆られる者は、安易に全体という観点を求めるあまり、そのメタファーの反抗的な傾向を取り去ってしまったり、またその中に石化している葛藤に原型という聖位を与えてしまいがちである。諸々の起源、つまりその和解なき共存が不屈の自然として賛美されるところの諸々の起源が崇拝されるようになると、われわれを引き裂いている多神教的状況がそのまま正当化され、自らがセラピーを必要としているその状況をセラピーの目的として誤用することになってしまう。だが原型というのは、たとえそれが歴史を呪縛するものであったとしても、それ自体が歴史をもっているのだ。だからメタファーを使う者がつねに心していなければならないのは、メタファーもまたあらゆる言葉、あらゆる人間と同様に生の上昇や下降、あるいは宿命をもっているということである。「泡」というメタファーはわれわれにとってはもはや感情の横溢とか生の上昇や下降、あるいは素早く消え去るものの発酵する根本原因への関与、といったことのメタファーではない。すべてを更新する生命力への信仰はもはや使い果たされてしまっているのだ。「泡」はもはや明るいメタファーでも暗いメタファーでもない。「泡」とは濁った陰鬱(トゥリューベ)なのである。

3 しかし「泡」にもまた構造があるのではないだろうか。つまり摑まえ難さ、リアリティの欠如、窒息の脅威の三つである。それらは互いに関連し合っているのだが、その関連は「泡」というメタファーのうちにある「現実」という概念と同様脆弱なものである。

最初の性格は、体現はどこに見られるのかという問いへの解答である。その解答は、どこにもないということ、見られるとすればただ泡という形においてでしかないということ、つまりその泡の形の中には何が体現されているのかという問いへの解答である。三つ目は、私はどのようにして泡に捕らえられるのかという問いへの解答である。解答は、私には分からない、私が見るのはただ泡だけだ、ということである。

その解答は、私が泡によって消失させられることによって、ということである。

われわれの説明は現実の三位一体構造への問いに答えることになる。この問いはいつの時代でも異なって表現されるし、実際人間的生のあらゆる活動、あらゆる動向ごとに新しく表現されている。この問いが問うのは、人間的生がその形式を見付けるときの形式である。これは、だから第二ペルソナ〔神学的には「子」の意味だが、ここでは「体現」の意味が込められている──訳者〕の問いである。すなわちどんな形でも存在していないにもかかわらずどんな個々の形をも貫いているような存在の力を問う。つまり人間的生がその形式を見付けるときの形式である。これは、だから第二ペルソナ〔神学的には「子」の意味だが、ここでは「体現」の意味が込められている──訳者〕の問いである。すなわちどんな形でも存在していないにもかかわらずどんな個々の形をも貫いているような存在の力を問う。つまり存在を非存在に対置させる存在の力を問う。それはまた破壊とか自己破壊の中でもなお経験されるものである。

これは第一ペルソナ〔神学的には「父」、ここでは「存在」を指している〕の問いである。さらにこの問いが問うのは、出来事の意味、つまり私が泰然とシニカルに、あるいは無力感の伴った怒りで意味に絶望するとき、疑問として私の頭から離れなくなる意味である。これは第三ペルソナ〔神学的には「精霊」、

ここでは「生ないし出来事の意味」を指している」の問いである。私はこれらの問いを切り離すことはできない。またそれらに対する解答なしには現実を説明することもできない。われわれの説明はあくまで泡の世界の三位一体的説明であったからだ。

だがわれわれはこうした説明で満足することはできない。われわれは「原因」と「結果」を区別することによってわれわれの説明の「実体」を吟味し、その諸連関を探ってみよう。というのもこのような説明はまったく特定の「空間」(例えばわれわれの社会)にのみ当てはまるものではないのか、あるいはそれは一時的でたんなる「時間的」な現象にすぎないのではないか、という点でわれわれはなお懐疑的だからである。

われわれは無数の異議をあげつらうことができる。だがわれわれはその異議を言い表している間にも一つの抵抗に出会う。すなわちわれわれの使うカテゴリーが「泡」に変じてしまうという抵抗である。われわれが取り上げるのは次の四つのカテゴリー、実体と因果性、空間と時間である。

4　古代世界の大いなるカテゴリーで、アリストテレスの第一カテゴリーだった実体はデカルトによってすでに不確定な「もの」(res)⑲へと無力化され、カントにおいては「相関関係(レラツィオン)」⑳となってその意味を剥奪され、蒸発させられてしまった。この言葉には古めかしい響きがある。だから「実体」に未練を抱く者は、あたかも失われたものを惜しんでいるかのように見える。そういう人間は頑なにまだ計画されていない産業化以前の社会状態、あるいはまだ分析されていない合理主義以前の考えの残余にしがみついているのではないかという嫌疑に晒されることになる。実体を安売りする「革新派」に対する非難は分かるとしても、そのすべての抵抗力を奪われた実体が、まさに自分を守ってくれるはずの諸形式によって食い尽くされる

という経験もまた心配なものである。かつて神話的な起源の威力に代って哲学のカテゴリーとなった実体が、今や脱神話化される神話と同じ宿命に与っているように見える。つまり余すところなく解体され、その代りたんに目の前にあるものが「ポジティーフなもの」[21]として崇拝されるという形で回帰するという宿命である。しかしただそうあるがままというだけの理由ですべてが実体と呼ばれてしまうならば、実体とはもはや事物の堅い核などではなくて、たんなる泡にすぎない。

5　近代世界の大いなるカテゴリーとしての因果性、すなわち究極的には余すところなく完璧な原因と結果の連関における結合（完璧と十全の公準にしたがって原因を結果に結び付けたり、結果を原因に結び付けたりすることによって、思惟する者の自律に役立つこともあれば、それを内から崩すことにもなった結合）のカテゴリーとしての因果性は、今や見通しのきかない縺れの一つとなってしまったように見える。すでに前世紀の偉大な実証主義者たちも今や一つ一つの因果の糸を引き出すことで満足せざるをえなかった。とはいえその一つ一つの「糸」は一般的な進歩のイメージと結び付き、そして規則的で理性的な過程たるその進歩の勝利は、同じく規則的で理性的な仕方であらゆる状態を結び付けるものとしての因果性の概念によって保証されるという仕組みになっていた。こうした信念が崩壊した後では、カオスの創造的威力に拝跪しようとしない研究者には一体何が残されているというのだろうか。彼は布　置[22]コンステラツィオンの説明で満足しなければならず（現象学的方法の勝利の行進はすでにこの道の一歩であった）、もし彼がその記述に意味を与えようとすれば、その意味は、昔の占星術師と同じく、生を巻き添えにしながら規定する、あの諸々の威力の崇拝賛美から取って来なければならなくなる。だが方法が因果の関連を見捨ててしまったところでは、泡の世界における無関心という宿命的な性格こそが、まさにその原因と結果の関連に為す術もなくし

がみつくことの一つの帰結となってしまう。つまりその縺れを因果的に説明できない者は、その縺れから逃れられなくなるのである。ある場合には諸々の実体を「真の」実体たる causae や archai に従わせるために、またある場合には原因と結果のバランスにおいて世界を自然的調和の法則に即して展開させるために、実体の硬直した専横を打ち破る過程の表現としてあった因果性は、[今や]硬直していながらも捕らえることのできない宿命の表現と化してしまっているのである。ベーコンの命題 'natura parendo vincitur' [自然は服従によって征服される](23)は、その正反対のものになってしまい、われわれは自分が自然を支配していると思っているまさにそのところで、その得体の知れぬ自然に屈服しているのである。縺れが遙か遠いものを間近なものに、間近なものを遙か遠いものに結び付けたとしても、ミクロコスモスとマクロコスモスの調和への信頼が驚愕した者を宥めたり、その驚愕を感嘆に変ずるということがなければ、因果性はその悪霊払いの役目を失ってしまう。それは真の原因に出会うことなく、つねに泡世界の徴候にすぎないように見える。

6 実体と因果性の両者は存在の「破れ」（グブロッヘンハイト）を言い表している。それらはカテゴリー、つまりその中でわれわれが有限な存在について語るところの形式である(24)。それらは制限されたものとして現れながらも、制限の中に埋没することのない有限な存在を言い表しているのである。

実体と因果性の両者は制限の背後に引き下がる。個人からその個体的形式を受け取る個人の実体はそれ自体は個体的なものではない。生きとし生けるものの営み（ゲトゥリーベンハイト）は、個々の衝動（トゥリープ）の中に埋没してしまうものではない。しかし個人の中のどこに、また個々の衝動の中のどこに制限を越えたものが体現されているのだろうか。私の語りがその制限を取り消すのでないとしたならば、いったい私はどのようにしてその彼

岸にあるものについて語ることができるのだろうか。

実体と因果性の両者は分離、つまり片方は原因であってもう一方は結果である、というような分離を存在の中に持ち込んでくる。両者は区別する力をもっていて、それが真に存在するものから、また根源をたんなる派生態からのみ区別する。だから両者はともに、根源や真なる存在の保証強化であると同時に、もっぱら破れた諸関連の中でのみ媒介される世界の認識でもありえたのである。それらはそれらが捕らえたものを開明すると同時に隠蔽することもできたが、そのことは明白な現実と亡霊のような模像との中間を浮遊するカントの「現象」（エアシャイヌング）というカテゴリーに最もよく示されている。だがカントの現象にはまだ摑まえどころがあった。それは、思惟されたものと対象的世界（res cogitans［思惟するもの］と res extensa［延長するもの］）の媒介の原理たる調和の原理が疑わしくなった後にもなお、自然科学的研究に対してその構成のために必要な良心を提供することができたからである。今日では実体と因果性の両者はその区別する力を失ってしまっている。かろうじて一、二の哲学がそれらを問題にしている程度である。何を実体的なものと見なすのか、どのような結合の形式が拘束力をもつものとされるのかは、個々の研究者に委ねられたままである。真の存在者への問いは学問の及ばぬ領域に移ってしまった。人間の本来的本質を泡から救うという意図をもって、実存を問題とする哲学はわれわれの身体的実存を泡に委ねてしまうのだが、その泡はあらゆる問いを窒息させてしまうのみならず、かつては自慢の対象でありながら、今日では哲学が放棄してしまっている概念を、もはや使い物にならないようにしているのである。われわれは泡の世界をカオスとも体系とも言うことができるかもしれない。「カオス」と「体系」は互いに交換可能な概念であるように見える。

7　泡の世界は「カオス」とも「体系」とも表現できる（「飲み込む」と「窒息させる」はこのような表現の相関項である）、またその両者の相互干渉の代りにこれら二つの判断のどちらか一方にのみ依拠するような推論はいかなるものも誤っている、泡の世界の構造についてそう言われる。だがわれわれはその構造の中にある空間と時間を説明しようとすると、たちまち困難に陥ってしまう。というのも空間と時間の経験の分析はいずれも、その時空の両者がもっている飲み込みのアスペクトと保持のアスペクトとの葛藤を言い表しており、同時にまたその両者の間にある緊張をも言い表しているからである。空間が時間を克服するのか、それとも時間が空間を克服するのかという問いは、その両者の中にある葛藤の解決から切り離すことはできない。しかしわれわれは、時間のメタファーの助けなしに空間概念を、また空間のメタファーの助けなしに時間概念を定義することは結局不可能だということに気付くや否や、両者のバランスを作り出す必要を認めることになる。このバランスにおいてカオスとか体系といった概念もその意味を獲得し、また空間と時間の「内部」の葛藤も和解されて現れてくるのである。しかし（哲学者や社会学者の分析が示しているように、かつてじつにさまざまな幸いへの期待と結び付きえたこの両概念も、同じ分だけ災いの予期の表現ともなってしまったという意味で）カオスと体系が互いに交換可能な概念であるうちは、そのバランスを見付けようというわれわれの希望にも道は開かれない。

神話は飲み込む空間も時間も知っているが、あらゆる空間を再び生み出すのは同じ時間であり、またどんな空間も他の空間に対する保護を与えると同時に、飲み込む時間に対する保護をも与える。神話は、時間によって空間を、空間によって時間を呪縛しようとすることによって、空間と時間の葛藤の解消を試みる。どんな空間をもその時間＝場に縛り付ける循環的時間と、時間によって飲み込まれることに抗する空間の位階秩序、これが神話の「体系」であり、「カオス」に対抗する防波堤なのである。それらは空間と

2　ノーを言う難しさ，あるいは喪失に脅かされる自己同一性

時間の飲み込む性格に揃って与かっている根源の諸々の威力を和解させようとする試みである。今や時間は反復の連鎖として耐えられ（もっともこの連鎖はどんな逸脱も許さないが）、空間は遍歴されることができる。というのも旅人ないしコロニーの創立者は、どんな異郷の空間にあっても故郷の空間を蘇らせるような類似点にしがみつくことができるからである。しかしカオス、つまりある種のもの、一部は特定の時間の中に呪縛されながら存続し、あらゆるもの、つまりある種のものは無力化されることのない、あのティタン的起源、また別の場合にはヒュレーないし過剰に作られながらも無力化されることのない、あの哲学者たちの me on を基盤にして存続していく。したがって両義的な「世界遊戯」という運命への服従が「残された」唯一の慰めであるように見える。

だがわれわれは両義的な運命からの脅威に対して二つの解答を知っている。一つは世界を見限ってその両義的な体現を乗り越え、永遠の運命を直観することによって、それと一体化しようとする道であり、もう一つは両義的な体現の世界の中で、世界の両義性に抗する戦いを自らの運命として引き受ける道である。前者はギリシアの哲学者たちの解答であり、後者はイスラエルの予言者たちの解答である。前者は世界の両義的な体現を超越しはするが、その「思い上がった超越」（悲劇の英雄の hybris［倨傲］に対する哲学の方の対応物）は、飲み込む空間や時間に対して「支払」わねばならない「贖罪」からその哲学者たちを救済してくれるわけではない。これに対して後者は飲み込む空間時間の支配力を打ち破る。その邪神に対する戦いを通して予言者たちは起源の不屈の力にプロテストするのである。彼らはそれらの力に対して、一つの創造空間の歪曲であり、また循環する時間に服する者は、各瞬間が反復不可能な形で生み出す出来事となる。なぜならその出来事の中でこそ、あらゆる空間では］すべての空間を引き摺り込んでしまう出来事となる。諸々の空間は一つの創造空間の歪曲であり、また歪められながらもそれらの中にある一つの力を対置する。時間は［ここ

間が憧れながら問うている意味が満たされるからである。始まりと終りは耐えられることができる。なぜならそれらは瞬間の中の誓約および審判としてすでに現在しているからである。瞬間を無力にしてしまうような運命が瞬間に課せられているわけではない。瞬間自身は強力である。

こうした伝統を糧としているのがわれわれの歴史である。これはまず空間の力と時間の力とを和解させるという目標を志向する出来事としての歴史であり、どんな体現もこの目標を志向する限り、たとえ不完全で歪められているとしても、やはり一つの和解の姿なのである。とはいえわれわれは唯一の目標しか知らない。なぜならたとえ不完全で歪められているとしても、和解はどんな体現にあっても身体という形を取ってわれわれのもとにあるからである。この信念において「旧い」聖書の「期待」と「新しい」聖書の一度は体現されたことのある「充実」とが、もはや解きほぐし難いまでに結び付けられたのだが（というのもこの信念の最も硬直した体現でさえも、そこからその期待を外して考えることはできないし、また夢見る人の幻想的な期待においても、非常にリアルな体現が身体そのものの欲望と結び付いた形でその夢の対象となっているからである）、いずれにせよこの信念こそが「啓蒙」と呼ばれる思考を目標、つまりその断片的な充実なしにはわれわれが「生」というものを思い浮かべることもできないような目標へと向かわせるのである。

だが空間と時間は哲学と世界支配を目論む科学によって、一方ではたんなるカテゴリーへと無力化され、また他方ではその支配の道具にされてしまったように見える。例えばカントはそれらを二つの統制審級と考え、その統制審級が総合的意識の指令に従って、自我に降りかかってくる「ばらばらで多様なもの」を秩序付けながら捕らえ、それを統制的自我による概念的加工のために役立てる、というように考えている

かに見える。空間上のたんなる「外的」な並存［関係］や、時間のたんなる「一次元的」な前後［関係］というものは、ヘーゲルの説明に倣って言えば、事物を「捕らえ、普遍的な牢獄の中に」閉じ込め、また同時に出会いの世界を極度に物象化することによって、ハイデッガーがヘーゲルの時空概念の解釈において たんなる「点」の多様性と継起にすぎないとして批判した、あの「無類の平均化」をもたらすかのように見える。

しかし「超越論的感性論」におけるカントの時空概念はもう一つ別の時空概念、つまりそれを背景にして先に言われた概念も成り立っているような時空概念とのバランスの上に成り立っているのである。「哲学部と法学部の争い」（両者は人間社会の完全化を巡って争うわけだが）の説明の中でカントは「歴史の徴候」に目を向けるよう説き（われわれがその徴候を知るのは、まさにあの期待の体験を探し求める伝統の歴史からなのだが）、フランス革命の勝利の中に「人類がより良き方向に進歩すること」の徴候を見ている。彼はまたこの進歩の目標地点も知っている。すなわちそれは「叡智の共和国 respublica noumenon」という「プラトン的理想」を現実に向けて解放救済する「現象の共和国 respublica phaenomenon」である。この共和国およびそれを目指す出来事はたんなる「空想の産物」であるにとどまっているわけではない。ちょうど人間的理性が理性の神的威力を自らの中に体現するように、理性による認識的統一も――その中で理性の全能力が働き合うのだが――たんに自我の支配作用であるにとどまらず、解放救済のモデルとなっているのである。時間の「一次元性」と空間の「外的並存」においては、予め時間が一つの空間という目標に向けて進歩するようにしつらえられ、その空間の中にあらゆる事物がその場所を、またあらゆる人間がその位置を占めるようになっている。

しかしカントの希望は一つの諦念、つまりその表現が他の表現同様に自分の立てた時空概念の破壊とも

なるような諦念に屈してしまった。技術的な言葉の使用の中にかろうじて「一つの」時間および「一つの」空間を知っているような世界においては（その技術的な言葉の中ではむろんこの世界の全空間は進歩の下へと統合されうるのだが）、われわれは再び諸々の空間の飲み込む威力を前にして驚愕することになる。というのもそうした空間はもはや神話的世界の空間のように、美しい形姿やおぞましい形姿を通して眺められたり遠ざけられたりすることはありえないからである。われわれはまた飲み込む時間の脅威を前にしても戦慄を覚え、その脅威を前にすると、自分の内や周りに経験する時間の停滞の方がかえって慰安であるかのようにさえ見えてくる。空間と時間は再び「カオス」として経験されると同時に、またそれらはカオスを覆い隠したり、それによって覆い隠されたものを運んだりするような、さまざまな催しの「体系」としても経験される。泰然とした観察者からは「時間＝遊戯＝空間 Zeit-Spiel-Raum」と見なされ、うろたえて引き摺り込まれてしまった者からは「泡」と見なされる、あの「自同的なもの」(29)の中に、世界遊戯の不動の動者たる時間と空間をあらしめようという試み、これもまたそうした催しの一つに数え入れられるのである。

8　だがそれにしても私は私の分析が分析されるものの確認となってしまうのをどのようにして妨げるというのだろうか。私は泡からできた世界の中でどのように「ノー」を言うのだろうか。
　私は「泡」に対置される実体というものを信ずる振りはできないし、原因と結果をヒエラルキー構造の残余が認められるようなところにのみ求めて済ますわけにもいかない。しかしその巻き添えから逃れられないとしたら、せめてその巻き添えが何であるかを明らかにすることはできないのだろうか。だが「明らかにする」というのは意味を成すのだろうか。それは同一化の問題に対する解答となるのだろうか。

例えば先に進んで行かない時間に向って私はどのように「ノー」を言うのだろうに進むことによってではない。これは無駄なことであろう。それでは先に進まないことであるような進行と区別できなくなるからである。そうではなくて私がその停滞を破局に導くことによってである。つまりその停滞を、それ自体がそうであるところの破局としてあるいはまた、自分を飲み込む恐れのある空間に向って私はどのように「ノー」を言うのだろうか。そうした空間にプロテストすることによってではない。空間に飲み込まれることに対してプロテストする神が自前の空間をもっていたのはとうの昔の話である。そうではなくて私が飲み込まれることを、それ自体がそうであるところの破局として「描く(ダールシュテレン)」ことによってである。

これらのプロテストに共通することが一つある。すなわちそれらがプロテストする相手と共犯関係にあるということである。もしどんなノーも、それが耳に届かないうちに、つまり発せられないうちにイエスに変えられるとしたら、ノーを言う者に残されているのは、唯一つ驚愕しながらのイエスだけである。つまりそこには言葉も身振りも、そして無力なあるいは反抗的な沈黙も、すべてそのまま真に受けてしまう者たちの「致命的」な迎合主義しか残らない。世界というものはわれわれがそれと同一化できてしまうようになってはいない。しかしその中での行動はどんなものであれ、儀礼となって硬直したものも、否まさにそういうものこそ同一化を要求する。だから「はいはい、私は〔喜んで〕同一化しますよ」と言う者は失敗した同一化という結果を得なければならない。泡の世界の産婆術士はオイレンシュピーゲルではない。しかし——それがオイレンシュピーゲルの仕事なのだが——彼は翻訳をしなければならない。つまりかろうじてイエスだけしか言えない歪められた言葉（その言葉がプロテストのノーにくっついている場合でもかろうじてイエスを言うことになる）を歪められていない言葉に翻訳しなければならない。そ

してそうした言葉の中でイエスは酷悲のノーとなり、「ひと」（ダス・マン）はまだ自己を救う試みとなり、仮象の世界はなおその中に溶解しているより良き世界の反照となるのである。翻訳をしないこと、それは背信となろう。その背信が「ひと」を「ひと」にし、仮象の世界をたんなる代用の世界（ゲメヒテ）にしてしまう。その背信は言う、泡の世界の方が背いたのだ、それは存在を忘れたのだ、泡とは「作りもの」なのだと。しかしこの背信はこの「作りもの」によって自分をもわれわれをも裏切るのである。

補遺　産婆術士オイレンシュピーゲル

一

オイレンシュピーゲルの手法は、ブレヒトによって命名され、やがて疎外された社会の中での描出的認識の手法となった、あの異化作用（フェアフレムドゥング）の古い形態である。オイレンシュピーゲルの教える認識もまたこの描出的認識である。一般に中世古代の道化の役割や「逆さま世界」の絵は、まだ掘り尽くされていない鉱脈を描き出すための認識を提供してくれる。

ソクラテスはおそらくプラトンやクセノフォンが編集したものを通して伝えられている以上にオイレンシュピーゲル的な人物であった。多分それがソクラテスを天と地の間にぶら下がった夢想家だとして排撃しようとしたあのアリストパネスの攻撃の原因なのであろう。だがこの攻撃は失敗に終わる。なぜならソクラテスは教えを説いたのではなくて、それを自分の身に体現していたからである。もっぱらそのようにしてのみ彼は古代後期の多くの哲学流派や教会の聖人となりえたのである。キルケゴールの言葉を使って

言えば、彼はイロニー「だった」のである。とはいえ彼は冷笑家ではなかった。キルケゴールのイロニーの定義 'infinita et absoluta negativitas' [無限絶対の否定性] はエロースのカテゴリーである。それは永遠の欠如を言い表している、その欠如は満たされないエロースの欠如であって、失望したエロースのそれではない。ソクラテスの自由は踏み越えの自由である。だが彼は自分の行く道にパートナーを同伴する。彼は自分の負う義務においてもなおこの自由を行使するのである。

オイレンシュピーゲルはイロニー的ではない。彼はまた自由の英雄でもない。彼は義務を負うのではなくて、強制に身を委ねる。とはいえ彼はその強制のわざとらしさを明らかにするというやり方で身を委ねるのである。彼に残された自由とは、だからデモンストレーションの自由である。

もはやすべてに義務を負うロゴスにも、またソクラテスが飽くことなく従った法則にも訴えることをしない犬のディオゲネスの方が、まだオイレンシュピーゲルに近いかもしれない。しかし彼もまたオイレンシュピーゲルではない。彼はポリスに対してそのポリスについての真理を突き付ける。カンテラ片手に市場に出て人間を探す。彼は疎外の結果を認めるよう説くかもしれないが、その過程の中にあの失望したエロースが働いており、そしてそのエロースがさらなる失望から身を守ろうとするや、われわれはそれを冷笑と呼ぶのである。ディオゲネスの探索は見せかけであり、それは「見付けなかった」ということの描出的表現[演技]にすぎない。

異化作用をもたらすとはいえ、彼自身は当の疎外に参与しているということをするのがオイレンシュピーゲルである。彼は迎合主義者として始まり(そうしなければ彼は皆に取り入ることもできなかったし、彼の「生徒たち」に近付くこともできなかったであろう)、迎合主義者として終わる。より正確に言えば、自分の振る舞いを通して迎合主義についての真理を明るみに出す唯一

真の迎合主義者として終わるのである。彼は世界を加害者と犠牲者、身代りと咬された者に分けることをしないで、その犠牲者が犠牲になっていることを証明してみせる。だがその瞬間その犠牲者の方が加害者であることが分かるようになっている。一つのちょっとした身振りが彼らの加害者ぶりを彼らにそのつまり彼らはオイレンシュピーゲルに教えられる生徒となるのだが、オイレンシュピーゲルは彼らにその依頼人の役を与えるすべを心得ている。彼らはオイレンシュピーゲルが最後に強制として終わらせるものを自分たちの方からすすんで指図したのであった。このことから明らかになるのは、自発と強制の両面である。歴史、しかもその中でも質の悪い歴史が今日に至るまでもっているところの吸引作用は、必ずしもすべて強制的な出来事にばかり付随するものではない。それは歴史がもっている自己破壊の運動であり、しばしばデモンストレーションをする者のみがかろうじてそれを免れうるだけである。オイレンシュピーゲルは距離を置いた知ったかぶりから人をペテンにかけるのではなくて、知ったかぶりとおぼしいものに対しては無知をもち出す。彼のもっている唯一の優位点は、かろうじて特殊なものとして生じた受苦を素早く普遍的なものとして先取りする認識である。まさにこれこそが真の迎合主義、しかも受苦の迎合主義なのであり、オイレンシュピーゲルが明らかにしているのもまさにこれにほかならない。

まず一例。彼は綱渡りをしていて川に落ちたとき——その際綱を切ったのは彼の母親であって、彼が二度目の綱渡りのときにその人々の紐で括られた左足の靴を上から彼らに投げ付けると、人々は「オイレンシュピーゲルがするはずの」約束の余興の代りに「自分たちの方が」怒って摑み合いをするのだが、そのときオイレンシュピーゲルはこう言う、それがあんたたちなんだよと。それが新しい余興というわけである。

もう一つの例。彼を縛り首にしようとしたリューネブルクの公爵の前で慈悲を請い、自分の馬のまだぶ

らぶらしている四つ脚の間の切り裂かれた腹の中に入って、その屍の中に立ちながら「誰もが四つの支柱の間［＝我が家］にあっては平和を得られよう」という格言を引き合いに出したとき、彼はいい加減な類似を盾にとったわけではない。そうではなくて、同時に屍の四本の支柱の間に立つ以外には得られることのない平和というものについての真理を口にしたのである。

これがオイレンシュピーゲルのすべての話に通底する図式であり、その図式はこの寓話のメカニズムが表現しているようにみえるもの、つまり転倒した世界の認識的描出ないし描出的認識によって可能となる。だがだからそれはもっともらしく見えるものを異化しながら、それを疎外されたものとして明るみに出す。それは描出された寓話ファーベルだというのだろうか。

二

オイレンシュピーゲルの話は悪意いたずらの話であり、その眼目は愚鈍である。どの話も強制を文字通りに受けとること、つまりその強制の原像を糧としている。そしてそこに愚鈍の転倒した世界にあっては言葉は巻き添えの具であって、もはや解放の具とはならない。この山師はまさに、言葉を弄び、その遊びによって群衆を魅了する（これは自らには遊びと魔術を禁じ、強制から解放された現実を、いつわって奇術に仕立て上げなければならない連中の考える山師のイメージである）どころか、むしろ言葉とはひどく悲しい関係に立っている。彼はしばしば言葉が病んでいることに最初に気付いたのだった。彼が挑発するのは、もっぱら不快をこととする笑い、すなわち自らその病んだ言葉に感染しつつ関わることから生ずるような笑いである。言葉を文字通りに受け取りながら、そこに彼はもはやその言葉が言語の言葉にもならないという最もひどい病いを嗅ぎ付ける。一つ一つ

の言葉は硬直し、もはや他との関連をなさない。[本来]その関連を比喩と呼ぶことは、たんに言語にとっての別名、つまり言語というものをあらゆる一つ一つの言葉の転倒を言葉たらしめる特徴として認めることの別名にすぎないのだが。オイレンシュピーゲルの犯す言語の転倒は、言語の方こそ転倒されていて罪があるのだとする。つまり言葉を一見文字通りに使うことによって引き起こされる悪意ある結果の責任を、言語そのものの方に負わせるのである。言語が安手の平和の代償として誤って使われていることに気付く者は、もはや言語の平和創設の力など認めようとはしないだろう。なぜならそれを承認すれば、その誤った使用を確認するだけだからである。だがそのような誤用を避けるのに一体どんな言語が残されているというのだろうか。

ペテン師と分かるや、親方たちにしぶとい強情な小僧だとして追い出され厄介払いされるオイレンシュピーゲルは、その自分の強情さを通して言語の方の強情さをデモンストレーションしたのだった。自分の仕事がデモンストレーションする者に及ばないのであれば、それはたやすいことであろう。だがオイレンシュピーゲルが行うデモンストレーションの基本は転倒ではない。彼は言葉の曲解者ではない。細かい屁理屈を言うような状況はあるとしても、彼の言うことはしばしば「単純なこと」であり、それは転倒された世界の彼岸にあるようなものではなくて、その世界の真直中で危険にさらされるものである。――もっともそれは幸いなことに、オイレンシュピーゲルがその「愉快ないたずら」が終わるたびに慌てて逃げることからも分かるように、何の幻想ももたらさないものではあるのだが。――転倒、とりわけ個々の言葉の転倒は何の幻想ももたらさないが、しかしその転倒は、「誰に罪があるのか」という問題を宙吊りにしてしまう秘匿という形を選ぶ。それは自由の両義的な道具なのである。

転倒が言葉遊びや韻の交換からできているのはわれわれに馴染みのあるところだが、そのトリックは言語の「本性」にその立証責任を負わせるところにある。それが通用するかしないかは言語が決定する。ここでは客観性自体が自由の性格――といってもそれはもちろんお告げのような形で表現される自由だが――をもたらされているのである。

言葉遊びは話す主体の側と一見客観的な言葉の側とをその重荷から解放する。だが同時に言葉遊びは、その両方を次のような共犯関係に仕立てることで、それらに重荷を課すすなわちこの共犯関係の一方が他方にその言葉遊びの落ちの責任を押し付けながらも、両者ともに驚いてしまうことによって、その両方が裏切られるという共犯関係である。こうした働きの一部は本来寓話に固有なものである。寓話もまたこの両面を重荷から解放すると同時に、それらに重荷を課すからである。寓話もまた言葉遊びに似て、自由の両義的な道具である。だがわれわれはここで警告を受ける。オイレンシュピーゲルの話は、たとえ寓話のメカニズムによって説明されるとしても、本当に描出された寓話なのであろうかと。

　　　三

かつてギュンター・アンダースは寓話のメカニズムを「反 転〔インヴェルジオン〕〔倒置〕」と規定した。つまり「動物は人間のように振る舞う」とは、「人間が動物のように振る舞う」ということである(あるいはオイレンシュピーゲルの話の一つにある込み入ったモラルにおけるように、ドクトルが豚のように振る舞うと、豚もドクトルのように振る舞い、それで人々は悟る。ああやっぱりドクトルは豚だったんだと)。

だが(シュテルンベルガーの言うところとは矛盾することになるかもしれないが)オイレンシュピーゲルはけっして寓話の英雄ではない。そもそも彼の話は寓話になっていない。アンダースが三文オペラの

「盗賊」と、そのオペラが向けられている「プチブル」との間に立てた関係、つまり「盗賊はプチブルである」はその反転形「プチブルは盗賊である」を意味するという関係は、そのモラルを言い当てたものではない。この関係もまた寓話の関係ではないのである。寓話というものは眺望のきく世界を前提としている。それは自ら譬え［比較し］ながら、われわれにも譬えるようそそのかす。反転が意味をもつのはここである。少なくとも教育的にモラル化する寓話の後期形態、つまりもはや寓話のトーテム起源——その英雄譚が人間的生の両義性を基礎付けるあらゆる英雄神話と同様の両義的元素であるような動物祖先——など口にされることのない形態にとって反転が有意味なものとなるのである。かつて fabula という言葉が意味したのは、ギリシア語のミュトス、すなわち神々の話、英雄譚、後代に祭りのたびに想起され、その時代を基礎付けながら蘇る太古の物語といったものにほかならなかったのだが、それは譬えによってその力を得るのではなくて、一挙永遠に確立された模範的関連を打ち立てたのであった。こうした関連から解放され自由になったとき初めてその免れ難い関連が比喩に、また寓話が譬えの「〜のように＝〜も Wie-So」の別の面としての作り話となるのである。

今日われわれは、二つの領域を遊びながら意のままにできる寓話の「〜のように＝〜も」の中にどれほど多くの主体の自由が込められるかを知っているが、ここで気付くことは、譬えの「のように」が欠けると、同時に本質と実存の区別、つまり寓話の「〜のように＝〜も」の背後に潜んでいる「それの代わりに(アンシュタットダ)」や寓話の「モラル」が分からなくなってしまうということである。この譬えの「のように」の欠如は同一性を意味することになるが、それは自分を何かと同一化するという生を含んだ同一性ではなくて、死んで一つのものに固まってしまったものの同一性である。ここにはもはや判断を下すための時間などない。三文オペラの例に戻って言

えば、「盗賊」と「プチブル」はもはや教育のために朗読されたり、読み返されたりするものではなく、盗賊であることとプチブルであることが識別不可能になるという在り方において一体になってしまう。その結果この二つの言葉はまさにもはやありもしない区別を強情に言い張るがゆえに、人を怒らすことらできず、かろうじて感傷的に現れるしかなくなるのである。まさにこうした同一性こそが、それに見舞われたものをあれほどにも危険に晒し、また一見寓話らしきもの（それは宿命的な仕方で再びその基本規定、つまり出口なしのまま経過していく出来事についての報告へと接近していったのであったが）をあれほどにも出口なしの状態に追いやってしまうのである。

このような意味でオイレンシュピーゲルの話は出口なしである。それらはどれもこれも愕然とさせる同一性を目的としており、けっしてある時はぞっとさせ、ある時は教育的になるというような譬えを目的としているわけではない。にもかかわらずそれらはわれわれのファンタジーに対して自由な譬えの領域に住まうことを禁ずることによって、その出口なしの同一性が描く、あの状態の彼岸にあるような自由のイメージを呼び起こすのである。オイレンシュピーゲルはけっして無害な男ではなかった。彼は皮肉屋であり、場合によっては今日のジュネ〔サルトルの作品の登場人物〕のような、悪意と機知に満ち、背後にあのオデュッセウスを支えたような保障ももたない、狡猾な犯罪者であったかもしれない。彼は自分を信ずる者をさえ裏切るかのようである。しかし彼が裏切るのは人間ではなくて、彼らの行いの自己破壊的な面なのだから。彼はむしろ真理の探索者ないし（ギュンター・アンダースが再びその名誉を回復させた素晴らしい表現を借りれば）博愛主義者＝人間の友であったのだ。

3 ノーを言う難しさ、あるいは言語喪失の言語

一

　われわれは問う。何、なぜ、どこ、どのくらい長くと。これらのどの問いも非存在を表現している。その場合われわれは自分とは違う異他なるもの〈ダス・フレムデ〉に向かい合っている。それが占めている場所はわれわれのそれではない。それはやって来て、立ち去っていく。われわれはその理由[根拠]を知らない。それがそう問うと、その異他性がわれわれに跳ね返ってくる。われわれの側もまた死んで行かねばならない。つまりわれわれの占める場所もまたわれわれのものではない。われわれを問いの中に投げ込み、疑わしいものにする他なるものの他在であるように、他なるものはわれわれ自身の他在でもある。われわれが他なるものの異他性が、われわれをその他なるものに連帯させるのである。われわれが他なるものの他在であると言いうるのは、われわれがその動揺を、自分が問うている当のものと互いに「分かち」合っているからである。われわれは、われわれが分離を言い表す問いの中で、同時に自分と自分が問うている当のものとを結び付けていることに気付かされる。われわれはけっしてそれから離れられない——そうでなければそれを問うことすらできないであろ

79

——、とはいえその結合の方もけっして完全に行われるわけではない。完全な結合というようなものはわれわれの問いの解答ではなくなってしまうだろう。話すことによってわれわれは分離に対して「ノー」を言う。どんな言葉も、たとえそれがわれわれを言葉のない孤独という状況から引き離すように見えても、それは分離に対する「ノー」なのである。われわれは一体ではない。自分自身や他なるもの、存在の特殊な領域ないし位層と、そしてまた「全」なのである。しかしわれわれは話すことによって自分をそのわれわれは存在の「中」にいながらそれに「対向」する。しかしわれわれは話すことによって自分をその存在と結び付けながら、あらゆる言葉、あらゆる有意味な運動を行使して「存在への繋がり」を新たに遂行している。そのためどんな言語的形象も同時に存在＝論的な形象となる。つまりそれは現実の一部を言い表すだけでなく、「全」存在を体現するわけである。言語はけっして存在から、つまり沸き立った存在や静寂の「響き」から「立ち上」ったりするわけではない。もっとも沸き立ちも静寂も言語の結合力にとってのメタファーとはなりえようが。存在から分離した者、それのみが言語をもつ。分離が克服されるところ、そこにのみ言語がある。言語とは非存在に対してノーを言うことなのだ。

二

「ノー」を言う難しさとは非存在に向かって「ノー」を言う難しさである、これがわれわれの公式であった。だが非存在とは何で「ある」のか。非存在は「ある」と言ってよいのだろうか。パルメニデスは言う、「否、それはない［非である］」と。だがそれはない［非である］とすると、どうして彼は「ノー」と言うのだろうか。もう少し失鋭な言い方をすれば、どのようにして彼は「ノー」と言いうるのだろうか。ノーとは存在に対すどんなノーを言うことの中にも「ではない」が含まれているのではないのだろうか。ノーとは存在に対す

る侮辱なのではないのだろうか。

　しかしこれは幾らでも任意に続けられる言葉遊びである。だがわれわれは立ちすくむ、任意とはと。「任意」とはあれやこれやに対してイエスかノーを言いうるということを意味しているのではないのだろうか。「任意」という表現は存在（少なくともほかならぬそれであるということ）から自由であるということを表現しているのではないだろうか。こうした規定にはどれにも非存在が含まれているのではないのだろうか。この非存在が非「である」とするなら、どうしてそれは曖昧なまでに多様な意味をもってしまうのだろうか。それはその非存在が存在に向けられた脅威とその存在から自由になる約束との間にあっていろいろな意味に変わってしまうからである。

　しかしある特定の状況においては──そう慰めることにしよう──非存在はいろいろに変わったりはしない。そういう特定の状況ではわれわれは「非存在」が何を意味するか知っているからである。例えば死はまったく疑いようもないという意味において「非存在」であるところの脅威である。死が希求の対象になりうるのはまったく別のケースである。それこそまさに「絶望」である。

　だが絶望はひとつの「ケース」となるのだろうか。われわれは早速問う、そこでは何が求められたのかと。終り？　だが終りとは何なのか。絶対的な限界（ひょっとしたら残された唯一確かなもの）か、それとも限界の終り？　強制からの解放？　しかしどんな強制からの？　自由でないという強制からの？　それとも無際限に自由だという強制からの？

　今や「自由〔解放〕」とか「強制」といった概念もまたいろいろな意味を発し始めてしまった。われわれはそれを差異化して区別するよう強いられている。しかしわれわれは本当にそれを自由にすることがで

81　　3　ノーを言う難しさ，あるいは言語喪失の言語

きるのだろうか。この場合誰が自由で（もっともこれはたんに論理上の企てにすぎないのだが）、誰が強制しているのだろうか。

ここには突然「主観」と「客観」といった概念も関わってくる。われわれは疑い深くなる。なぜ「関わって」なのだろうかと。シュピール［遊び］というのはそもそも主観と客観の両者の上に立つカテゴリーなのだろうか。だとすればそのカテゴリーは先の「差異化して区別する」と同じ場所に立つことになろう。われわれはまさに遊びに落ち込んでしまった。なぜならわれわれはすぐさま厳密に差異化しなかったからである。

しかしこの遊びという概念もまた両義的である。遊びに陥る者は自ら「遊びに」関わっている。それは遊びというよりむしろ真面目の表現ではないのだろうか。それともそれはただ言語の不完全さにすぎないのだろうか。言語はその本性からして両義的なのだろうか。だがこの場合「意味」という言葉に関して、本性とはどういうことを言っているのだろうか。われわれの使ってきたどんな言葉も両義的ではなかったのだろうか。しかし一つの文を口にするとき、われわれはそれにある特定の意味を与えている。だとすると、どうしてそこにまだ他の意味が込められているというのだろうか。

われわれは文章を厳密に表現してこなかったのだ。われわれは原理に基づいてきちんと歩を進める代りに、勝手な連想に任せてしまったのか。だがどこからこの原理は得られるのか。誰がそれをもち、その人はそれをどのようにして見つけたのか。それはすべて言語の外部の話なのか。言語はたんにとっくの昔に決められたことを表現しているにすぎないのだろうか。人間というのは原理が問題となるところでは言葉をもたないのだろうか。

もう一度われわれを救い出すよう試みてみよう。われわれは差異化して区別しなければならない。あら

ゆる言葉を疑問に付してその差異を消し去ってしまうことなく、それを引き止めておかねばならない。われれは非存在が多様に輝くことのない、ある特定の状況を探していたのであった。しかしひょっとしたらそんなものはないのかもしれない。そしてある人がわれわれに論理学の命題をもち出してきて、しかも「有意味」な命題と「無意味」な命題とを区別することこそがまさにわれわれの探求への解答になるのだと唱えるならば、われわれはただちにその探求を中止して、代りに次のように問うことにしよう。——もっとも他方でわれわれは多義的な概念を一義的なものにしようと駆り立てるその衝迫はどこから来るのかと。——われわれをして両義的なものを一義的なものにしようと駆り立てるその衝迫はどこから来るのかと。——もっとも他方でわれわれは多義的な概念を使って遊びを遂行する機会を失うことはけっしてないだろうが。——それにしてもわれわれはどんな誘惑に対して身を守り、またどんな誘惑に屈してしまうというのだろうか。われわれが話すということ、それが「遊ぶ」ことへの誘惑とその遊びから「真面目」を作り出すことへの誘惑との間で揺れ動くとするなら、あるいはわれわれが遊びを真面目なものとして、真面目を「関わりになる［遊びに入る］」こととして行うとするなら、そもそもわれわれが話すというのはどういうことを意味しているのだろうか。

だがわれわれはまず「揺れ動く」（シュヴェーベン）という概念を補っておかなければならない。言葉は物体をもたないような、何かを体現（フェアケルペルン）している。言葉は物体ではないが、何かを体現している。言葉というものは表現されるや否やそこに成立する。それは物体からできた形象のような一挙に出来上がってしまっている世界においては何ものをも体現できないだろう。話し手が存在からひき裂かれているがゆえにその話し手があらゆる言葉を使って改めてその存在を据えるからであるが、いったいこのプロセスの内にの存在は揺さぶられ、突然その問いの中で二重になったのだが）、またにもかかわらずその話し手があらゆる言葉を使って改めてその存在を据えるからであるが、いったいこのプロセスの内にけではなくて、その問いの中につねに新しい対象を据えるからであるが、いったいこのプロセスの内に

83　3　ノーを言う難しさ，あるいは言語喪失の言語

も外にもなく、むしろこのプロセスの諸契機、つまりそのどこにおいても世界、しかも新たな世界が立ち現れてくる諸契機そのものであるような、そういう言葉はいったい何を体現しているのだろうか。それらはどの一つ一つの言葉といえども世界を体現しているのである。「存在」とか「非存在」といった言葉もまた「世界」の体現である。だからこそそれらは両義的なのであり、またただからこそわれわれはそれらを一義的にしようと欲するのである。われわれは「世界」をわれわれの言葉において一義的にしようとしているのだが、それがうまくいかないのである。

ではなぜそれがうまくいかないのだろうか。「世界」に「存在」と「非存在」が混じっているからなのか。どんな体現も、「存在」と「非存在」といった言葉の体現も、真の体現ではないからなのか。しかしわれわれにはそれをどのように主張することが許されているのであろうか。それともこうした主張はわれわれの主張を含めて、どんな主張の中にも潜んでいるのだろうか。われわれはまた元の出口のところまで戻って来てしまった。だが今度は次のような一文を付け加えることができる。すなわちわれわれの「ノー」は存在の全き他者としての非存在に向けられるのではなくて、存在の偽りの、不十分で不満足な体現に向けられているということである。この体現、これのみがわれわれのプロテストの対象である。しかしだとするとプロテスト自体は「一義性」を前提にしているのではないのだろうか。

オー・ノー〔とんでもない〕。プロテストは確かに存在に依拠しているかもしれないが、この存在は他のどんな存在とも同様に今言った両義的なのである。プロテストはおそらく先鋭な言葉で表現されるかもしれないが、その言葉もたった今言った異議の言葉「オー・ノー」に負けず劣らず両義的である。つまりプロテストは一義性を前提にしている訳ではないのだ。そうではなくてそれ自身の中で、ノーを言う者のその

「ノー」の中で真理と非真理、充足と欠如、希望と背信の闘争が演じられるのである。例えば私が、今そのように言い表し、その言い回しの中に三位一体の第二ペルソナ[存在論ないし神学]それに第三ペルソナ[精霊論ないし生命論]を示唆することのない別の言い回しに対して「ノー」を言うということは、私が今述べた文にとっては次のようなことを意味している。すなわちその文の中には非真理、欠如、背信に向けられた三様の「ノー」の中に立ち現われる構造に基づいて非存在に逆らう世界が体現されているということである。私に「ノー」と言わせる力と私の目指す目標とは一体なのであり、私が攻撃を加える諸々の体現の中にあっても、私はその体現に依拠しているのである。実際のところ、失敗し、歪み、ひずんだ体現にプロテストすることなしには「体現」について語ることもできないだろうし、またその歪んだ体現の中に（あるいはそれが体現を要求することの中に）私のプロテストに連帯してくれる盟友をもたないとしたら、私はこの歪んだ体現に対してプロテストすることもできないだろう。盟友なしには私は自分のプロテストのための勇気も力もそして権利ももつことはないだろう。

三

これまでのような考察は曖昧多義で、しかもその言葉の意味が底無しになってしまうほどに主観的なものである。ここには書き手の私[自我]が前面に出て来ているのだが、まさにその私のもっている結合力の具合が悪いのである。「私は考える」の総合の働き、つまり意識の同一性の働きが少なくとも現象世界を関連付けるための保証になるということ、このことはすでに同一の「私」という概念の中に、非同一的な私に対する恐れを隠してしまうような装いを嗅ぎ取っていた、あのヒュームの驚愕を改めて鎮めよう

するものであった。しかしこの恐れを塞き止めるための堅固なダムを築こうとしたカントの努力は、その基礎付けのための誓いを立てるにとどまっている。すなわち〈私は考える〉はわれわれの不断の同伴者で「なければならない」、さもないと世界はその有意味的な関連を失ってしまうであろうということである。このダムがどれほど脆いものであったか、あるいはいかにしてこの安心を確保するための同伴者が容易に騒動を起こす二重人格者になってしまいうるかをよく示しているのが、そのカントの直後に出てくる、分断され二重にされた私、失われ投げ捨てられた私を享楽的なおのきをもって捕らえた文学であった。まだライプニッツにおいてもクザーヌスにおいても、理性は imago dei [神の似姿] つまり神的統一の鏡像だということによって保証されていたかに見えた統一は、いったい何によって揺るがされえたのだろうか。われわれは神学的存在論的な概念で表現されながら、結局はいつも次のような非難に帰着してしまう解答を耳にする。つまりその非難とは、理性は神の力を要求し、理性は創造主に対抗する被造物として自分の欲している統一それ自体を与えようと試み、その思い上がりにおいて滅んだのだ、という非難である。確かに理性の神的な力に対する信念は消え去った。われわれは今やその信念が代表していたところの諸概念から距離を、かろうじてカントの「アプリオリ」のように、その要求を一度は体現していたところの諸概念から断片的に聞き取るだけである。だがまさにそれらの概念が被った運命がわれわれに教えているのは、そのような概念の無力は、それを生まれたときから揺さぶっているある種の諸々の力を逸らそうとして成果が得られないことに由来しているということなのだ。われわれはこの力を半ば神話＝論的、半ば生物＝学的な概念をもって根源力(ウァシュテルングスメヒテ)と呼ぶことができよう。それらはデーモンになるまでは神であった。旧約聖書に出てくる「予言的」啓蒙の戦いはそれに向けられたものである。だがそれらは、表面や光のみならず存在の闇と深遠をも自らの中にもつ神概念から締め出されてしまったわけではない。生ける神という概念は deus revelatus［示現した神］と deus absconditus［隠された神］の緊張関係の中に生きている。示現した神の imago としての理性が隠された神の闇を照射し始めるや、それに成功しない場合にはいつもその闇を押さえ付けようとしたということ、また明晰判明に認識できないもののすべてが理性的ではありえないがゆえにまた神的でもありえないということ、これらのことはデーモンに怯えて生きる世界からそのデーモンを追い払う代りに、理性を、それによって押さえ付けられた諸力が復帰してくることに空しく対峙するだけの道具にしてしまった。deus absconditus を神的理性の概念から締め出してしまったこと——それは理性を敵視する神学者たちがそのフェティッシュとなった神概念から deus revelatus を締め出してしまったことに対応しているのだが——その復讐が、理性がかつて imago dei であったのと同じように、今や理性の imagines としてその脅かされた統一を保証しなければならない概念たちに向けられたのである。そうだからこそ意識の同一性としての「私」という概念がそれほどにも疑わしいものとなったのであり、またそうだからこそフロイトの名と結び付けられるような運動において、神学とは別の概念を使って deus absconditus に再びその権利を取り戻させようという試みもなされたのである。とはいえ今日分析学派の多くが推奨したり、多くのあまりにも無頓着な「アブストラクト」がその絵画を通して示しているように、意識的な私と「深層人格」とを結び付けるだけでは十分とは言えない。意識的な私が晒されている葛藤は深層人格の中にも表われるし、またどんな分析に際しても被分析者がその解放のためにどのような代償を払わねばならないかを問うたフロイトの懐疑は、たんに個人的な人格にのみ向けられたものではなかった。しかしその個人の宿命が普遍的な宿命を反映しているとすれば、普遍的なものを記述した「持つ」がままにその身にも「生ずる」普遍的な宿命を、つまりその個人が普遍的なものを記述した普遍的な同一性を体現してはいない私——を文学的に利用り分析したりするときに、私——明らかにもはや理性の同一性を体現してはいない私——を文学的に利用

87　3　ノーを言う難しさ，あるいは言語喪失の言語

するチャンスも出てくる。個人的な脅威に抗する「われわれ」を利用することによって、その「われわれ」が疚しさをもつことなしには与えることもできない庇護が約束されるというのであれば、ひょっとしたら無力な「私」を利用することが——まさに私的な感動の享楽が問題とならない場合にのみだが——その脅かされた「われわれ」に口を割らせるためのより良い可能性となるかもしれない。例えば学問的散文の中でちょっとした「自由連想」にさえも掛けられる禁止は、制御のきかない発話のみならず自由の概念にも当てはまる。ここでは自由の概念が、あの偉大なる観念論的伝統の断言するところとは反対に、初めから恣意とみなされ、その恣意は偶然として、さらに偶然に対するデーモンの力からの両義的な贈与と——というのもそれは偶然に対する理性の不安だからだが——みなされているのである。しかしわれわれは一見恣意的に見える連想から得られる発見に対して尻込みすることは許されない。それを性急に「合理化する」ことは、理性のためとはならず、同一性というよりむしろ、ヒュームの言葉を借りて言えば、再び同一性への「誘惑」になるだけであろう。

　　　四

　私の頭の中を去来する考えを秩序付けようという試みから明らかになって、私を愕然とさせるのは次のようなことである。すなわち私はそれらの思想の中に（あるいはそれらの背後ないしそれらを通して）拠り所となりうるような秩序を見付けることもできなければ、それらの思想が、その所有者としての私の裁量で秩序付けられる（それをすぐにしないことは怠惰なことであったが、この怠慢は話を進めながら埋め合わせることにする）ようなカオスでもないということである。むしろ秩序を創り出そうとするや否や私は多くの互いに抗争し合う秩序、いわば秩序のカオスに遭遇してしまうのである。さらによく見ると分か

ることは、いかなる命題も、つまり他の概念を引き付けたり、それに反発したりするどんな概念も——その背後にはすでに言表された命題が隠されているのだが——それ自体が一つの秩序の背後にはすでに言表された命題とは一致しない一つの命題が隠されているのだが——それ自体が一つの秩序であり、しかもそれが他のどんな秩序からも導き出されえず、また他のどんな秩序にも還元できないということである。私は「秩序」という名において互いに抗争し合う諸力の戦場となってしまった。今や私の困難（秩序をもって話すことの困難）とは、秩序を見つけ出したり、生み出したりすることではなく、互いに争っている秩序どうしを和解させることなのだ。しかしそれはいかなる力の名においてより高次の秩序の名においてであろうか。

私は秩序という概念を使っている。しかしすでにそれをある秩序付けられた言表の中で使っている。秩序付けられた言表の中では、私はけっしてその概念の「奥に」行くことはない。そうではなくてその概念を口にしながら、私はすでにそれを翻訳しているのだ。私は「秩序」という概念を途方もなく多くの言語に翻訳することができ、またそれをつねに行ってもいる。例えば片付けられた部屋とか、バランスの取れた身振り、あるいは現実の中に突き進んだり現実の進出を立ち止まらせたりする概念などと言うように。また「カオス」という概念や繋辞、それに任意の言葉の不定冠詞といったものも、そのつどそれらの無条件の要求を掲げる秩序（したがってその秩序は同じように無条件の要求を掲げる他のどんな秩序とも葛藤に陥るのだが）を言い表している。

発話しながら私はあるものの中でさらに翻訳をしつづける。一つの言語からまた別の言語へと。しかしそれはつねに言語から言語へなのだ。どんな言語であれ、私はそこに根源となるような言語を見ることはない。私は、どのようにしてその根源的言語がまだ言葉に形作られていないもの、あるいは少なくとも言葉としては形成されていないものから出てくるかを見ることができなければならなかったのかもしれない。

89　3　ノーを言う難しさ，あるいは言語喪失の言語

しかしまさにそれが私にはできないのだ。というのも私はつねに言葉に遭遇してしまっているからである。どんな形式も私は翻訳することができる（私がそれをためらうとすれば、それは私が正しい言葉をマスターしているかどうか迷うときだけである）。つまり形式はすでに言語なのであり、そうでなければどうやって私はそれを翻訳することができようか。そして私が言葉へと翻訳しようとしていまだ形作られていないもの（私の身体の痛みを伴った興奮、しばしば怒りと翻訳することも難しい漠然とした怒り）そういうものが（多義的であったりほとんど聞き取れないかもしれないような）言語の中で私に向かって語り掛けてくる瞬間において初めて私はそれを「翻訳可能」だと言う。だがそれは言葉なのだろうか。

　　　　　五

　われわれが一つの概念を「理解する」のは、もっぱらその概念の中に体現された「プロテスト」を翻訳することができたときだけである。われわれはその概念の表現されたノーを通してその自己発見と自己主張のプロセスに関与している。いかなる概念も、翻訳という概念でさえ、ノーを言う言語を前提としている。

　古代ギリシア語の protestari とは、沈黙が賛成と誤解されないように、証人の前でその沈黙を破ることを意味する。つまり protestari とは、巻き添えになる恐れのある沈黙に対して自分の身を守ることをいうのである。両義的な沈黙を一義的な言表によって破るプロテストする者は、たんにある事柄を表明するだけではなくて、同時に言語の「ために」表明する。つまり彼は言語喪失へ逆戻りする危険を表明するのである。言語喪失とは「無」であり、プロテストする者はどうやってその目標に達するのだろうか。この目標は、いつもすでに言

語を前提としているように見える「翻訳」という概念とうまく折り合いがつくのだろうか。翻訳という概念が安心をもたらす概念であるのに対して、プロテストというのは不穏をもたらす概念ではないのだろうか。

このことは解釈の事柄であるように見える。だがわれわれは問わねばならない。ここでいう「解釈」とか「事柄」とは何かと。'interpres' とは交渉人のことである。彼の関わる res とは、もめごとつまり訴訟である。諍いから始まってその和解に向かうローマ法の言語は（ここではたんなる公益ではなくて公共のもめごととしての res publica が中心概念になっている）われわれの疑問に対して解答を与えてはくれない。だがそれはその問題の核心を言い当ててはいる。'phainomenon' に対して 'res' を、また 'hermeneuein' に対して 'interpretatio' を対置するローマ法の言語は、ある事柄の解釈とは泰然として耳を傾ける者にのみ聞き取れるものの素朴な告知だという危険な欺瞞からわれわれを守ってくれる。それが教えているのは、「ある事柄を解釈する」とは——あるいはより正確に言えば、ある事柄の中で解釈するとは——あるもめごとの中で態度を決め、交渉人となって平和をもたらすことにほかならないということなのだ。

このプロテストと言語の関連、ノーと「ノーを言う」という概念の中にある「言う」との関連の問題を言語の聖書的象徴および言語喪失の状態にある翻訳の困難ということに関して解明してみることにしよう。

六

言葉による創造という聖書の象徴は、もう一つの象徴すなわち無からの創造という象徴の助けを借りて説明される。われわれは問わねばならない。ここでいう「言葉」とは何か、「無」とは何かと。さらにこ

うした二つの象徴を背景にした言語とは何かと。

1　無からの創造というのは現実についての両義的な言表である。つまりそれは無ではないし、無とはまったく別なものでもなく、無性によって貫かれている。無からの創造とは、有限な存在が非存在「無であること」（ニヒツィヒカイト）に脅かされながらもその非存在に抗して自己主張するような、そういう有限な存在のための象徴である。それは「創造されたもの」として存在の創造的根拠に関与すると同時に、無に対して抵抗する。

だが「無」というメタファーは何を意味しているのだろう。

無はここではギリシアの哲学者たちのいう反＝存在 Gegen-Sein なのではない。無それ自体は、その me on とは反対に、ouk on と表わされることもありうる。聖書の象徴はある状態、つまりそれに到達しようとしてギリシアの哲学者たちが繰り返し挫折を伴った苦労を味わい、またそれが（この挫折が不可避であることを知っていたギリシア悲劇においては）hybris［倨傲］とも見なされた、あの状態を前提にしているように見える。しかしそうだとするとキリスト教の象徴もまた hybris の一つになるのではなかろうか。

それともそれは現実の悲劇的側面を見落とし、悪魔的な性格を否定するがゆえに表面的なのだろうか。ouk on を「絶対的無」と翻訳するのは、「絶対的」という概念のあらゆるラディカルな使い方、つまりその概念によって表現されたものを到達不可能なものと称し、それをどんなに努力しても何も見えないあの懐疑家たちの正当な嘲りの下に晒す使い方と同様、誤解を招きやすい。われわれは ouk on を理解すべく、ouk によって否定された on［ある］を問わなければならないが、それはこの「限定された否定」（ヘーゲル）と読まなければならない。「限定された否定」によって ouk on の

92

全体の〈絶対のではない〉意味を理解するためである。

　パルメニデスがその女神のお陰で得た教えにおいては（この教えはわれわれの目には、ただパルメニデスにのみ与えられた啓示ではなくて、パルメニデスが指し示したあの「道の mythos」から逃れることのできないギリシア哲学のプログラムでもあるように見えるのだが）ouk on の on がまさに me on になっている。つまり「ではない ist nicht」と言う者は me on としての非存在に対してノーを言っているのである。彼が「ではない」と言いつつ自分の身を守るのは、論理的な無意味に対してではなくて、ギリシアの歴史において多様な呼ばれ方をした悪魔的脅威――タルタロスに繋ぎ止められたティターン、勇者の打ち負かす怪物、最後に抗う質料、多様性と個体化――に対してなのだ。ハイデッガーの立てた問い「なぜそもそも存在する者であって存在しないのか」はギリシア的思考の宿命的問いである。その ギリシア的思考が ouk on に対置させる方の on は、知の賢明さが愚者の愚かさによって、また本来の自己存在が「ひと」によって煩わされないのと同じ様に、me on によって「煩わされて」[11]はならないとされる。だがこのギリシア的思考がそのために支払わねばならない代価は硬直と空洞化という代価である。パルメニデス自身が強制ないし桎梏（かせ）と呼ぶ硬直して言えば、飲み込んでしまう始源や野垂れ死をもって脅かす両義的な目的（テロス）から解放してくれるという空洞化した存在の背後には黄泉の世界の運命の女神という像が見えてくる。自らを不安の手の届かない存在概念にまで高めようというギリシア的思弁の試みを支配しているのは、me on を on という概念の中に取り込んで、どんな存在者の中にもある存在の底知れぬ面とバランスを取ろうとする不安である。「存在」とは［ここでは］生きていない一者である。というのもそれは両義的な構造に基づいておらず、構造をもたないからである。me on を ouk on に変じさせようという試みは、on と ouk on の両者を me-on 的な現実を隠蔽する ouk-on 的なヴェールにしてしまう。

93　　3　ノーを言う難しさ，あるいは言語喪失の言語

2　無からの創造という概念の中にある両義的なものだけではなくて、無構造である。ouk on ouk は構造の中にある両義的なものだけではなくて、構造そのものを否定してしまうからである。だが「存在」とは両義的な生に無関係な構造なき存在ではなくて、むしろ不断に脅かされる構造の中にある生きた存在なのだ。こうした存在概念のための大いなる象徴が言葉による創造という象徴である。言葉の構造と被造物の構造とは一つである。言語的現実と現実の間には何の区別もない。「生きて゠ある」とは言語的現実に関与するということであり、この関与は「神に真似て造られた」人間にとっては話すことによって存在の創造力に与かることを意味する。つまりそれはたんなる「対応」ではなくて、創造的に話すことであり、またある言語的現実の中にあって創造的に話しながら、創造変えることを意味する。そしてその言語的現実に対する背信することなく変化させることが翻訳なのである。だから翻訳をしないというのは言語的現実を破壊することになろう。ここで突然気付かされるのは、忠誠を守るというこの両義的な概念が翻訳の同義語になるということである。

パルメニデスにとってのように、考えることと言うことと存在とが同じになってしまうところでは(言語が話そうが存在が考えようが、どちらも同じことだ)、存在は無構造の非存在に脅かされて、もはや言語的現実ではなく、構造のない硬直した「である[ist]」になってしまう。両義的な言語は——例えば弁証家や双頭の愚かな大衆の言語、いや両義的な「である」を脅かすのである。しかし両義的な言語においてノーを言わざるをえないパルメニデスの言葉さえ——この硬直した「ではない[非である] ist nicht」を言う者れによって翻訳者が無に対して自分の身を守るところのノーである。両義的な言葉においてノーを言う者のノーが向けられるのは、言語喪失の存在に対して、しかもたんにそらず、その「言葉」の構造に対してである。この両義的な言葉というのは(活動的な人がその生のために

利用し、活動的でない人も少なくとも宣教のためには利用しているところの）フェティッシュにされた一者の言葉の代用などではなくて、言語そのものの体現なのであり、その言語の中には、たとえそれがひどく歪められていようと、言語喪失＝存在に対するプロテストが体現されているのだ。

ヨハネ福音書にあるような、創世記の創造の言葉と苦の等置⑬、また受肉化した言葉と生や真理および真理への道との等置といったものは、プロテストの無条件の要求を言い表している。それらはパルメニデスの（非存在には動かされない存在への）唯一の道に対して、存在への「唯一の」道として両義的で苦を受け歪められた体現への忠誠を対置する。ヨハネ福音書の二つの言葉「我を通さずしてギリシア哲学に対するプロテストを言い表しているのは、体現の思考の緊張つまり父の下に来る者はいない」と「我を見る者は父を見る」が表現している。翻訳という概念はこの緊張に不屈の現実に対するプロテストおよび代用世界に対するプロテストである。耐え、不断に新たなバランスを取りつづけることを要求する。

3 翻訳という概念によって気付かされることは、概念というもののもつ次のような二重の意味である。すなわち概念が一方では現実の深みにまで到達するように見えるという面と、他方でわれわれがそれらの概念をその深みそのものについての言表、あるいはその深みに固有な「話しかけ」として聞き取る瞬間に、その概念が無意味になってしまうという両義性である。ここでは存在概念と当為概念を区別することは不可能である。翻訳は一方で（背信と同様）記述的な概念でありながら、他方ではある要求を言い表すからである。われわれは発話しながら、自分が背信しているかそうでないかを自問できる。その回避を言い表すからである。われわれは翻訳しながら、翻訳せよという要求を満たしているかどうかを問わなければならないというのもわれわれは翻訳しながら、

いからだ。旧約聖書と新約聖書という二つの話はまさにこの翻訳と背信の問題を表現している。

バベルの塔の建造につづいて起った言語の混乱は、一方ではその混乱の中で初めて言語のパラダイス状態が終焉するという追放譚の帰結である。だが他方で塔建造に伴う破壊への不安は、すでにその塔の建造そのものを、一つの硬直して両義性を失った体現によって背信することだとみなしている。塔建造につづく言語の混乱、ないし永遠に別々になった現実の諸領域の中で硬直してしまう危険性とは、すでにその硬直したものに向けられた刑罰にほかならない。

聖霊降臨の奇跡についての話の中に伝えられるこのパラダイス状態の廃棄とは、けっして言語が数多くできたことに向けられたものではなくて、その言語が硬直することに向けられたものである。使徒たちは一つのパラダイス的言語の告知者としてではなく、あらゆる言語の中にある一つのメッセージの翻訳者として登場する。あらゆる個々の言語は一つの言語的現実たる言語を体現したものである。この言語的現実は、自分にとって他なるものを体現する他の諸々の体現に対しても硬直してしまうどんな個々の体現においても裏切られうるのだが、その言語的現実はまた他の諸々の体現と同じように裏切られ、身体を失った一つの現実に売り渡されることもありうるのである。

命名者としてすでに翻訳者であるところの人間（これはベンヤミン一生の問題であって、彼の翻訳理論のきっかけとなったものであろうが、この理論によれば、存在の全領域は創造の言葉を神に返還するのだとされる）は言葉との付き合いにおいて二つの危険に陥る。すなわち一方で人間は、ヨナが神の言葉をそうしたように、言葉を呪物化し、その根を崇め、その言葉を崇拝された根源のところでのみ純粋に保持しなければならないと信じ込む。言葉への拝跪という帰結は、言葉の硬直化としての言語喪失であり、言語を世俗化する代用としての生きた言葉の軽蔑である。他方でまた人間は言葉を任意に使える賭のチップに

し、どんな重要な活動に際しても言葉を放棄することによって言葉を空洞化させ、かつそれが持っている統一力を棄却してしまう。とはいえこれらは二つの別々に異なった危険なのではなく、同じ結果をもたらす。硬直した言語はそれが呪詛する空洞化した言語を結果し、自らを代用物にしてしまう。そしてその呪詛的判断の頑なさは、しばしばその中で目覚める無力なプロテストの結果にすぎなくなるのである。

言語喪失の状態に陥った言語の問題とは、その言語喪失を言語の不要性とか話す能力の喪失として片付けることなく、それを成功した言語に翻訳されたいと望んでいる失敗の言語として認識することの難しさである。言語の聖書的象徴がプロテストしている言語喪失という無は、あのパルメニデスの非存在を抱えた言語を前提としているが、それは諸体現の中でバランスを取る存在の底無しの力としてである。旧約聖書の神の名 deus absconditus［隠された神］についての言表とするのは誤解である。それは絆を破らないためにもっぱら翻訳せよという要求を含んでおり、その絆をどんな体現の中でも守るということは、同時にそれをどの体現との間においても繰り返し新たに結び直すということを意味しているのである。そうでなければこの名を使って神に嘆願するのは、その名の乱用となってしまうことだろう。つまり言語喪失の問題とは存在忘却の問題ではなくて、自己破壊的な背信の問題なのだ。

　　　七

　忠誠と背信の弁証法に基づく言語の存在論は、無知の言葉と知の言葉を対置するのではなくて、背信する言葉と背信しない言葉を対置する。知者の言葉が背信する言葉になることもありうるし、無知なる者の言葉が背信しない言葉となることもありうる。否定のであれ言語のであれ、存在論を構想すること、それ

はこの試論の課題ではない。そうではなくてこの試論は、否定の存在論や言語の存在論を構想しようとする者にとって無視できない、ノーを言うことの難しさに注意を促しているのである。

その同一性が泡というメタファーで表現されるような現実の中でノーを言うチャンスは実に少ない。泡を泡として示すこと、すなわち失敗した同一化を示すことは、その「泡形態」に背信しない唯一の可能性であるように見えた。それは自分自身を表すことをしない人々の自己表示への要求、自分自身に真面目に受け取らない人々の自己主張への要求に言葉を与えた。だがわれわれが翻訳という概念をそれ相応に真面目に受け取るや否や、「表示」はたんなる表されたものの表現であることを止め、翻訳の表現となる。同一性は今や「言語的」同一性であるだけではなく、それは現実を二重化しながらその二重化を起こらなかったことにしようとする言語の同一性でもある。言葉を通して体現される現実そのものの同一性。その要求の狙いは、言葉と存在の統一（あわよくば硬直させ飲み込んでしまう統一）ではなくて、生と翻訳の統一にある。この概念は、生が今や言語の生命的つまり翻訳可能性を失うという脅威にほかならない。これは宗教における硬直した言葉と生きた言葉の問題であり、その秘跡概念にとって決定的な問題であると同時に今日のアクチュアルな問題でもある。「言葉を失った世代」[18]の抱える困難が認めるのはただ次のような二つの可能性だけである。すなわち統一の破壊を嘆くか、言語喪失のことを、橋渡しになる談話を必要としない統一の成功と見なしてしまうのかどちらかである。つまり言語喪失というのは降伏か職場での要求に即応した態度かのどちらか、あるいはその両方になってしまうのだ。あるいは瞑想したり職場での要求を満たすことに没頭しながら言葉を必要としない統一を作り出すことに成功するか、それとも存在を欲す

る者が代用世界とうまく折り合わねばならないかのどちらかである。だがこうした「成功」も一時の期限付きのものにすぎず、またシニシズムは動揺の表現というよりむしろ動揺を避け、不可避なものをもみ消そうとする試みの表現にすぎなくなる。

これに対して翻訳という概念は別の道を示してくれる。ここでは言語喪失の状態になるとは翻訳の失敗のことである。言語喪失の状態にあってノーを言うことの困難はたんに翻訳する難しさにとどまらない。それは翻訳それ自体をも問題にする。こういう言い方によってある一つの方法が暗示される。その方法とは、けっして言語が話すの唯一の言葉、つまり知者が「口真似」ナッハシュプレッヒェンながら「合わせ」エントシュプレッヒェンなければならないような言葉を問うのではなくて、翻訳の成功不成功を問うということである。それは例えば「飛躍」、つまり他人や権力や利害の対象といったものにぶつかってはその間を言葉なく跳び回ることのなかに、代理から次の代理へと飽くことなくふらつくことを見て取るのみならず、巻き添いになる恐れのない言語に翻訳しようとして失敗した試みをも見て取る。あるいはまたその方法は、現実のちっぽけな領域の中に閉じこもることの中に、その領域への順応や埋没を見て取るのみならず、部分への精通が全体を代理できるという見せかけをも見て取るのである。あるいは芸術や生活スタイルにおいて言葉を消失させるような禅仏教の作法に熱狂することを、ただたんに言語を必要としない存在への貢献としてのみならず、まさに無言で無限に意味のある対象に備わった普遍的な翻訳可能性という仮象を使って人を魔法にかけることだとも見なすのである[20]。

これらは他の解釈とちがってニュアンス[21]の問題であるように見えるが、それは「本当の」現実ないし現実代理への問いに対して翻訳の成功不成功の問いを対置させながら、いる。

話すことのみならず話させることを通して言語喪失にプロテストしているのである。この方法は長い啓蒙の伝統——すなわち昼と夜の融通の利かぬ交代という啓蒙の神話的イメージには従おうとはしない伝統——をもっており、そして今日では神学、哲学、芸術の理論や流儀、政治や教育や心身医学の実践といったところでさまざまな名前を冠せられている。われわれはここではこの方法に新しい名前を与えようとは思わない。ただそのアクチュアルな学問的課題を示そうとするのみである。この方法が要求するのは、無言の無関心に話させること、つまりそれを「泡」のイメージの中に縛り付けるだけではなくて、それを翻訳という概念に翻訳することである。盟友関係の問いは学問的方法の問いでもある。この方法は自らを裏切る者たちを裏切ったり、誤った盟友の中にあっても正しい盟友を探し求めることをしないという意味で、認識の要求を裏切ることがありうるのである。

補遺　逃げ道としての仏教

一

泡の世界を描述しようとする者は（すでにその世界の中で生きることが描述なのだが）そこからの逃げ道を探し求めている。仏教もその一つの逃げ道を提供し、多くの人がその道をとっている。実業家、政治家、芸術家、哲学者それぞれに、彼らは大小の関心、逸脱した関心、あるいはまたそれらすべてを笑いものにしようというだけの関心といったものをもっている。仏教が約束するのは現実の苦からの解放ではなく（この苦は継続し、見えなくなることさえないので、これを分けもつ者のためにその苦を楽しむための

手引きが案出される)、それを逃れるいかなる手引きによっても慰めることのできない一つの苦、すなわち意味喪失の苦からの解放である。この苦を楽しむことは許されていない(そうなればその分だけその苦の幻惑剤たる製品の売り上げを減ずることになろう)。絶望的トリックや楽しげな装いによってその苦から離れようとする者にさえその苦を和らげることはできない。そうした離反は一つとして成功しないので、この基準を借りてきて無意味な命題の使用を禁じたとしても、また真の存在 Seyn やはるか彼方の神あるいは強固な社会といったものを唱える神秘家が、言語喪失を苦から恩恵へと転換させたとしても(そしてこういうタイプの神秘家とか記号論理学者というのはわれわれの談話を黙らせ、言葉ともども容易にわれわれの生をも打ち壊してしまうのだが)、前者の行う区別も後者の教える高慢な慎みも、やはり意味喪失を前にした驚愕の表現にすぎないのだ。

こうした驚愕から解放された表現を見つけるのは、時としてほとんど不可能なことのように思える。まだしも悲観論者たちの罵倒(今日では自分たちの罵倒の対象としての悲観論者をもたない人間のグループは存在しない)の方がこの意味喪失の集団的除去となる。しかしどれほどそれがうまくいかないことかを証明しているのが、ちょうどその隠された意味喪失を告白するところで人を引き付けるような文学である。だが誰がそのように生きることができるのだろうか。生が告白、いわば意味の否定的な形態というようなものだとしたら、その生はそれを描述する芸術作品に負けず劣らず脅かされていることになってしまおう。そうした告白としての生は一つの意味を与える試みをどんな生とも分かち合っているのである。「とはいえそれは無意味ではありえない」というのが「残る」答えである。しかし「残る」には意味があって、「残らない」には意味がないのだろうか。少なくとも「生き残る」に

3 ノーを言う難しさ，あるいは言語喪失の言語

は意味があるのだろうか。

二

空費した時間を数えようという試みは戦慄を伴った恐怖に終わる。われわれを愕然とさせるのは無意味なものの圧倒ではなくて、そのような圧倒を前にして意味というものが埋め草、失敗した試み、さらには逃避にならないのかという疑問である。だがそれにしてもなぜわれわれは意味を求めるのか。これもまた逃避なのだろうか。

仏教はそうだと言う。仏教によれば、われわれは求めている限り（そして問うことはその中でわれわれの探求が明らかになる形式の一つなのだが）、われわれが求めていると称するその認識から逃げてしまうことになるという。告白するよりも空費した時間の方がまだしもわれわれをその認識に近付けてくれることができるのかもしれない。［そこでは］われわれの思考の切り換えも拒否も必要ではない。必要なのは意味と無意味、思考と思考放棄、認識することと認識しないこととの分裂状態からの脱出である。あらゆる存在者の偉大なる無としての仏陀の悟りといったように、信者の執心する概念はメタファーだけである。その信者が口に出して表現し、誤解がないようにしなければならないこれらの概念に執心している間は（だからこの状態にあってはまだ思考ないし哲学の番人の役割を演じているにすぎない）、まだその分裂の仮象に囚われていることになる。だからこの分裂からの救済は、分裂という概念さえも及ばなくなったところで初めて行われる。言語喪失、生きた身体のもとでの死（つまり生、とはいえ分裂した身体をもたない生）、区別なきものへの沈潜といったように。だが実際のところはたんに沈潜について語ることではなくて、その沈潜そのものが目標なのである。どんな仏教学派も特別な準備を擁し

ているとはいえ、その目標のためには何の特別な準備もない。生のあらゆる形式、とりわけ形がなくなるほどになって、しかももはや有限な目標に向かう記憶や希望をもたないがゆえに、行き詰まることもないような形式こそがそのための準備となる。失望した者を襲う恐れに耳を貸さないことが至福を知ることであり、その至福がわれわれを成功か不成功かということから解放し、そしてもちろんその至福を享受することからも解放してくれるというわけだ。犠牲行為の犠牲そのものは、どんな犠牲もつねに部分的犠牲として全体よりも少ないがゆえに充分ではないというところにまで達し、その結果また全体と部分の記憶をもつこともない。

こうした犠牲とともに犠牲行為の弁証法も解消され、あたかもそんなものはなかったかのようになってしまう。犠牲を捧げる者とその犠牲の区別が可能であった間は（自己犠牲においてさえもその犠牲を捧げる者は犠牲に供される自己ではない）、どんな犠牲も一方では献身であると同時に他方では全体への結び付き——その全体の要求は捧げ物によって宥められる——つまり身の代金の支払いであり、さらにはまた全体を欺くこと——その全体の要求の方は非和解的に持続し犠牲を越えて（いかなる犠牲をも越えて）犠牲を捧げる者自身にまで及ぶ——でもあった。この犠牲行為の犠牲というのはキリスト教の正当化の教義に対する仏教の側の対応像である。つまりキリスト教の方で犠牲の弁証法を停止させる自己体現の恩恵行為とされるものが、仏教では、犠牲を捧げる者の力から引き離されて、その者に恩恵として生ずる脱体現(エントケルパールング)化となっているのである。

三

だが仏教徒とてもその犠牲の成功がはっきりと目に見えるような体現を必要とする。それはその下で彼

らが自分の生を営んでいくのできる目「クラインなどの言う保護と統御を備えたホールディングのまなざしが含意されている——訳者」をもっているような体現である。では仏教徒はどこにその目を見出すのだろうか。非存在が世界の生成と消滅への関与を意味するならば、それはそうした非存在に抗する世界の中にではありえない。そうではなく、むしろ生成と消滅の世界「そのもの」を意味するような非存在に抗する世界の中にである。だがこの抵抗は「抗して＝立つ」ことではないし、破壊されることでもない。それの体現は滅却とそのための準備という体現である。この抵抗は自然宗教から忘我的陶酔、横溢への埋没、個体化という悪徳から解放する愛と破壊の混合といったものを受け継いでいる。だから飲み込まれるか飲み込むらぬ忘我的陶酔は宿酔と新たな忘我的陶酔への欲望を産み出してしまう。だから飲み込まれるか飲み込むかに無関心なまま一体化を目標とするこうした粗野な忘我的陶酔と並んで、瞑想と禁欲といったより洗練された忘我的陶酔、つまり繊細かつ高尚な忘我的陶酔というものが出てくるのだが、しかしそれらがけっしてたんなる前者の対立物とならないのは、自己観察や諸々の宗教の歴史が教えている通りである。

しながらこの瞑想と禁欲という二つの概念はここではその古典古代の意味を失ってしまっている。meditatio はもはや基準や測定とは無関係となる。すなわち古代オリエントの「王国」の永遠の存続を保証したという、天と地をバランスよく統一する司祭知の基準とも関係なければ、またかのバランスが——人間はそのバランスを体現するがゆえに、またその限りでこのバランスに対して「自立した」個人となるのだが——人間自身の中に体現されているのを見て取るmeditatio は、インド的思弁およびその影響下にあるあらゆる東洋的思弁においては度を過ごしたものに埋没するための方法となっている。そして禁欲もここでは、もともと「中庸を保つ」という意味であった meditatio は「解放された」哲学の基準とも関係をもたない。肉体およびその中に体現される精神の両者を「形にして」保つための「訓練」という意味を失う。この訓

104

練は［元来］、形にならないもの、me on つまり抗う質料がつねに脆弱な形式［形相］を壊す恐れがあるがゆえに、どんな古代の教育にも必要とされた訓練であり、その場合脆弱な形式はそれに抗う質料を克服して高まれば高まるほどより完全なもののように見えてくると同時に、また質料が容赦なくそれを屈服させればさせるほど無力になってしまうようなものであった。そうしたもともと形式に向けられていた禁欲はインド的思弁においては身体を伴った滅却の実践となる。この実践は密教顕教の無限に多様な形式をもちながらも、その意味するところは形作られたものが形式を拒否することにある。それは洗練された行者がまさにギリシアの賢人やそれを見習った近代人たちがやるように、鼻をしかめながら見下すところのあの形作られるもののためではなく、苦労の末に到達可能な究極の形式喪失のためのものである。それ自身はすでに滅却しているか、あるいは滅却に先立って精神集中を体現している移行過程であるがゆえに、形式＝喪失を示しているような形式、それは最も洗練された形象と言えるかもしれない。だがその形象の中に入り込んでくる自然はもはや抵抗──つまりそれを克服したこと、とはいえそれを宥められたものとしてはっきり見えるようにすることがあらゆるヨーロッパ的芸術作品のもっている質の概念を規定しているようなそういう抵抗──ではなくて、「大いなる解放」の中に同類として取り込まれ、共に体現に煩わされ同情し合う自らの他在である。脱体現化の体現とは、持続の仮象をもつにすぎない個々の物の中にも、また思考を混乱させてしまうようなあらゆる形式の多様化──その形式はだからそれの個体化そのものさえ破棄してしまう──の中にも見て取ることができるものだが、そうした体現の意味するところは芸術の作品のことであると同時に、またそうした作品との付き合いの規則でもある。個々のものが固定するとすれば、それはただ通路、固定しえないものへの門としてでしかない。目がさらに進むと、そのさらなる進行が「執着しないこと」の訓練となる。深化の忘我的陶酔と飛翔の忘我的陶酔、集中と疲労は同じ目標の

105　3　ノーを言う難しさ，あるいは言語喪失の言語

ために働く。しかしこの芸術作品や礼拝像について言えることは（このような方式の前では消えてしまうこの両者の区別さえ）現実のどんな一片についての瞑想的考察についても、またせっかちな弟子たちに向けられた仏陀の言葉についても言えるし、さらにはまた動機の指示を欠いたテーマ変換や（ある所では小川、また別の所では木、器、水溜まりといったように）任意の対象の指示によって、あるいはいかにも関心がないように見せかけつつもその実問いそのものをはねつけてしまう沈黙によって解答を与える高名な賢者、聖人、行者といった人々のすべての「場違いな」解答についても言えることである。こうした方式は実存論的とも本質［本体］論的とも言うことはできない。というのもわれわれの全歴史段階に伴い、葛藤のどれほど一方に偏った表現の中にあっても、なお和解されて現れてくる本質と実存の緊張関係は、ここではその二つの側を言い表したものではなくて、ただその片側だけを表現するものでしかないからである。形と形をもたぬもの、話すことと沈黙、変革と甘受、有意味と反意味といったものは、葛藤の表現である限りにおいて、あるいはただその葛藤を言い表す可能性の表現にすぎないという限りにおいて、片側だけに属しているのである。だがまさにそれによってこの片側は確定可能な「側」であることを止めてしまう。

確定可能な「側」とは、無知なる者にとっては自分が巻き込まれる形式のカオスであり、「覚者」にとってはたんなる通路にすぎない。何ものも問題とならないがゆえに何でも甘受できる仏教ないしヒンズー教の寛容の性格をよく言い当てているのは、ある高名な仏教学者(4)がキリスト教の最高の象徴たる十字架にかけられたキリストに対してなした批判である。すなわちその批判によれば、直立、耐え忍ぶこと、抵抗といったことを強調することがすでに救済の象徴として相応しくない。そこで十字架にかけられた「自己」とは「迷夢」にすぎなかった。そもそも「絶え間なくわれわれを非常事態の下に置くような敵」などは存在しない。「キリストが十字架の上で直立したまま死に、仏陀が身を横たえて亡くなったこと」は「仏教

とキリスト教の根本的な相違」を象徴している。横たわる者は「すべてのものと同一化でき」、ついには「自立した」自己——ミクロ・コスモス、その同一性が個体的なものと普遍的なものとの等置の保証となる——となることなく、個体化という禍いから放たれて森羅万象との共同性の中に入っていくというのである。'principium identitatis indiscernibilium'［区別不可能なものの同一性原理］（ライプニッツ）という他の原理を言い換えた同一性、それは何ものの中にも体現しないがゆえに何ものをも自分の支配下に置くことのない原理である。身を横たえた仏陀の死はキリストとしてのイエスの死同様コスモスの象徴となる。だがキリスト教においてコスモスの救済が「にもかかわらず＝癒されること」、コスモスの覚醒、その真の形象への救済であるように、仏教における救済とはあらゆる形象の払拭、コスモスのその全構成員の中での自己＝放棄、コスモスの己れ自身からの救済である。

4 ノーを言う難しさ、あるいは自己破壊の運動と抵抗

一

　言語を喪失した者に欠けているのは言語のもつ和解構造である。彼の望みはいかなる言語をも必要としない状態に向けられる。初めのうちはその押し黙りは実りのない他者たちのお喋りに対するプロテストであった。だが後になるとそれは話さないことを使って言語喪失の世界を魔術にかけ、それを言語不要の世界に変えてしまおうという、[それ自体]実りのない試みとなった。この魔術の説明は、話すことが危険で、話さないことが誘惑であるような人たちには打って付けである。そうした人は言語喪失の充足状態に退行することができる。(シュピッツによって解釈された)あのホスピタリズムに罹った子供の頭振りがプロテストではなくて退行だったことを想起しよう。それはかつて一度は直接充足をもたらしたことがある運動、しかも克服されない葛藤状況にあっては、かつての葛藤のない充足状態を幻視させるような運動への逃避であった。
　無言の行いへの退行は、巻き添えにするものを不透明なものとして、またすでに引き裂かれているものを引き裂かれる恐れのないものとして現れさせることによって、「パラダイスめいた」状態を幻

視させる。これがあらゆる現象形態の中立無関心に伴うパラダイスのアスペクトである。どんなパラダイス譚の解釈もこのパラダイス譚をそのまま追放譚ともども人間的状況の説明と見なすわけではなく、むしろ追放以前のいまだ中立無関心な状態の描写と見なすのだが、そうした解釈が人間を牢獄――その中では蛇崇拝の帰結（中立無関心からの救済者としての蛇）のみが逃げ道を提供してくれるのだが――に閉じ込めてしまうように、その中立無関心が麻痺した自己損傷としてのみ理解され、「単純な生活」の夢として理解されることがなくなると、逆にこの中立無関心のパラダイス的な性格は失われてしまう。だが言語喪失から言語喪失への逃避は言語喪失の代用とはならない。あくまで言語喪失を促して話させることに成功しないうちは、言語を喪失した自己を、巻き添えにする言語によって引き裂かれるという結果から守ろうとする試みも、結局は自己破壊的な帰結をもたらしてしまうことになる。そして同一性喪失と言語喪失に守られて「卑小を装う偉大さ」にまで縮められた自己が越冬できるという望みもまた（もっともこの望みは最後のものなので多くの人がこれにしがみつくのだが）ほんの微々たるものでしかなくなる。こうした状況の下では、脅威に晒された自己が自分を力強く感じられるような行動のグループが一つだけ残されているように見える。すなわちそれは自己破壊の行動である。

自分＝自身を＝破壊する者はその破壊に先んじようと試みる。彼は自分を他者の手に委ねることなく、[自分の方から]その他者の強力な破壊装置に加わろうと努める。彼は自分を破壊することによって自分の純粋さを救うのである。密かに求められた帰結としての自己破壊がすでにナルシスティックな満足の根底にある。自分を全体に向けて高めながらも、死の瞬間になって初めてその全体になることに成功する部分の救出としてのナルシシズム、これが他の人間たちをたんなる契機ないし通路にしてしまう多くの行動の隠された原動力なのだ。自殺もまたしばしば――否いつも――ナルシスティックな性格をもつ（われわ

れはこのことを、あの自分自身と結び付いた理性のパトスを背景にもつストア派の自殺の叙述から学び取ることができる(3)。ナルキッソスにとって自分自身との結合が死を意味するように、死は自己の自己自身との結合に終わる。「自らの」死の中へ「先駆けることによって(4)」(この死は経験される唯一のそしてまた最初で最後の抵抗であるが)、空になった自分自身の「全体性」を知ることができる。「いつも＝すでに＝錠を下ろしてしまっていること」が要塞となり、自己はどこにも錠を下ろすことのできない生の脅威に対する不安を抱えながら、この要塞の中に引きこもるのである。空虚な自己存在のパトスはその中立無関心さにおいて、見境なく満足を詰め込みながらただその不満を麻痺させているにすぎない者のパトスとさして違いがあるわけではない。われわれはよく自己破壊の行動の中に自己が自分に目覚めようとする試み（もっともこれは最後の絶望的な試みである）を見かける。そしてそれをもっとはっきりさせているのが、嫌悪と倦怠の仮面の裏側にしばしば嫌というほど隠された期待をちらつかせている、あのティーン・エイジャーたちの自己破壊の儀式である(5)。だがこうした自己破壊を賛同しようとする やわれはそれに抵抗を覚えることにもなる。その説明に従えば、自己破壊は個人的な出来事の総和であるように見える。しかし自分がその共犯対象になっているのが分かるような自己破壊の運動においては、その運動の目標は個人的なアトラクション以上のものをもっているように思われる。それともわれわれは錯覚しているのだろうか。そうだとすると（われわれの問いを前もって危険がないとも言えない表現に言い換えれば）なぜ自己破壊の無はたんに「無化する」無にとどまらず、同時に「引き付ける」無としてわれわれの前に現れてくるのだろうか。

自己破壊の無に向かってノーを言うとはどういうことかを問うや否や（そしてわれわれはこの問いを回避しない）、われわれはもはや外部にあるような立場――たとえそれが自分の自律（アウトノミー）の脅威に対して自己破

壊的に身を守る自律した自己の立場であったとしても——ではなく、その自己破壊の運動の内部での抵抗について問うことになる。

二

1 ブロッホはその「まだ＝ない」の存在論の中で、存在のすべての運動を飢え、欠乏、渇きから導き出したのであった。「『もた＝ないこと』がすべての始まりとなり、そこから抜け落ちる物はない、無そのものさえ」。だがここで言われる「無」とは何か。満たされる見込みのある駆り立てる「ない」とは反対に、これは隔離された「ない」、すなわち金輪際もたないことへと「物象化」してしまった「もた＝ないこと」の「ない」である。目標をもった「もた＝ないこと」が憧れの運動をもつとすれば、目標のない「もた＝ないこと」はあてどもなく消耗する「欲望」の運動をもつ。

だがこうした説明は完全ではない。ブロッホはその大著の中で憧れと欲望の全段階について書いているのだが、彼が知っているのはただ、「運動」を生み出す欠乏の半面だけである。彼自身が最もよく使うメタファーをさらに発展させながら、われわれは「もた＝ないこと」という欠乏の対となるイメージ、すなわち「もたれ＝ないこと」という欠乏を立てなければならない。「もた＝ないこと」の不安と「もたれ＝ないこと」の不安は互いに対応し合っている。他方また空虚に向かう欲望（この欲望にとっては対象とは結局それらを捨ててしまうための口実にすぎない）からは、同じように空虚の中に入り込んでいく運動（この運動にとっては対象とは結局のところそれらに同調するための口実にすぎない）、つまり「吸引」の運動を余すところなく説明することが存在論の課題なのだが、この存在論はまだこの吸引を前にしての驚愕を、それから授かった恩恵へと転倒せしめてしまうほどその吸引の虜になって

はいない。「欲望」における「もた＝ないこと」の食い尽くす「ない」は、「無」の中ではしばしば「吸引」における「もた＝ないこと」の吸い込む「ない」に終わる。だが欲望が高揚した生を装って騙すことがあるのに対して、吸引は死という隠しようのないアスペクトをもっている。

われわれの時代の多くの運動が「欲望」として説明されるが、問題はそれらの運動が「吸引」から逃れようとする絶望の試みではないかということである。しかしそれにしても私はどうやってこの吸引から逃れられるのだろうか。

われわれは、この「逃れ」の中にも吸引の中へ引き摺り込まれるような運動が隠されているのではないかと疑い深くなる。言い換えれば、欲望は吸引によって解消されてしまうことを目標にしているのではないかという疑いである。だとするとなぜ欲望を吸引した迂回なのか。それともそれは迂回ではないのだろうか。骨を折って抵抗するのがエネルギーの消耗となるような自己破壊の運動を、残されたエネルギーを使って説明しようと努める者、そういう人間こそがこの運動のどれもが同じ不動の運動すなわち吸引の運動をもっていることを知るのである。

2 われわれは怪談の引き込まれるような力、プラットホームの縁での吸い込まれるような気分、野晒しの機械の刃を前にしたときの抗し難い何かを知っている。われわれは深淵の吸い込むような力（これは眩暈と混同されてはならない。というのも、眩暈というのは吸引にとらえられる者の対抗策なのであって、吸引に先立つように見えてもそれはとらえられることに対する不安から生じてくるものにすぎないからである）や海の引き込むような力をも知っている。吸引についての古典的な説明をしたのはエドガー・アラン・ポーであった。大渦に巻き込まれた者は、激しく動いているにもかかわらず止まっているように見え

る渦のラッパ状の内壁のところを自分が漂っているのを見る。ぱっくり口を開けた水の回転運動があらゆる騒音ともども不安をも黙らせてしまう。彼は身動きすることもできなくなって、狭くなるその深い渦の中に入り込んでいく。恐怖と魅惑は一つに流れ込む。彼の困難は、自分が犠牲だということを忘れないこととなのだ。

十八世紀初頭のこの話のような記述は今世紀になって初めて現実となってしまった。第一次世界大戦を抑圧状態から破壊的な攻撃へと転じた死の欲動の結果として説明しようとしたフロイトは、そのすべての「分析」を通して自己破壊の帰結を分析したのであった。彼の偉大なる功績は、病気の個人に起こることと時代の病いとを区別しなかったことである。彼が個々の自我に即して立てた以前の欲動理論のアプローチに従って、自己破壊を最後までもっぱら「欲動」の出来事として捕らえ、これを「吸引」と考えなかったのは、彼の用語上の偏狭さである。その結果吸引の経験はそのまま欲動の概念の中に入り込んでいかねばならなかったし、またフロイトはその吸引を塞き止めるようなダムを造ろうという欲動存在たる人間のあらゆる試みに対して懐疑的であらねばならなかったのだ。フロイトが死んだとき、この吸引に巻き込まれなかった人間はヨーロッパには一人もいなかった。では不安を前にして目を閉じない哲学はこの吸引をどのように理解したのだろうか。

三

1 不安はいつの時代にもどんな人間の中にも立ち現れてくる。それは自らの有限性に気付くことの別名、有限な存在の分析からそれを払拭して考えることはできない。(ティリッヒのメタファーで言えば)その有限性の「内側」を表す名称にすぎない。[10]だが問題は、いつの時代においてもまたどんな人間にあって

114

も、不安と勇気の間のバランスを取ることにどれだけ成功するかということである。というのもそう理解したならば、「勇気」とは有限な存在が非存在の脅威に抗して自己を肯定することの別名にほかならないからである。

非存在が存在を飲み込んでしまわないよう、不安も勇気を飲み込んでしまわない、という形で不安に対してバランスを取る勇気は、その中にバランスの成功がはっきりと見て取れるような体現を必要としている。蘇える生の体現がひとたび死の脅威に抗すれば、それに応じて罪人さえ受け入れる恩恵の体現は、呪われるという脅威に対して抵抗する。古い体現が疑わしくなり、不安とのバランスを図る新しい体現も見えてこない時代、それは古代後期のデーモン恐怖や中世後期の地獄恐怖が教えている通り、絶望にまで高められた不安の時代である。自己体現の困難が文字通り安定期を迎えたり不安定な時期に入ったりする人間生活にあっても、われわれは不安の増減というものに出くわす。体現される不安および脱体現化の不安は、勇気を与えてくれる手本となるような体現のない状況下にあっては病理的なものにまで成長する。もはやバランスを取ることができなくなった体現を前にした不安は（そしてバランスとはここでは意味の別名にすぎない）不安に晒されていたくない体現を自己破壊にまで追いやってしまう。

こうしたアスペクトから見ると、今日優勢な不安の現象形態つまり意味喪失の不安である。有限性は肉体の終焉とか地獄の苦しみの中での終わることなき魂の死といったものばかりによって至る所に見られるように、これまで意味が見えていた体現を自己破壊のうちに粉々にすることによって脅すのだ。意味喪失の不安とは自己破壊の中で明らかになる有限性の「内側」である。不安が「破壊不可能なもの」に拠り所を求めようとするところでも、否まさにそこにおいてなお、不安は吸引の自覚として働いているのである。そこで今日の不安分析の中にそうした不安の現象形態を問うてみることにしよう。

2 ハイデッガーは不安について一つの古典的な説明を与えた。しかし彼は吸引を知っているのだろうか。この問いはわれわれにとって決定的である。われわれはわれわれの考察の中のどこに立っているのかを明らかにしよう。

意味喪失の不安とは、無数のヴァリエーションの中に見られるように、もはや理性の神的な威力が信じられなくなってもなお、かつてその威力が充足を約束した要求、すなわち普遍妥当な体現の要求をあきらめきれない時代の不安である。だがこの世界における理性の普遍妥当な体現は、その世界のすべての部分に共通な構造を前提としていたのだが、自らのその普遍性を救おうとする哲学者たちの現実に共通の構造を前提としていたのだが、自らのその普遍性を救おうとする哲学者たちの現実に共通な構造を前提としていたのだが、自らのその普遍性を救おうとする哲学者たちの努力は、彼らの現実の無力を告白することと引き換えに購われることができただけだった。今日では世界はもはや共通の構造なども持っていないように見える。言語は（それの他の表現でさえ）その統一の力を失ってしまった。'I can connect nothing with nothing,' この「荒地」を書いた詩人の表現はその状態の正確な言い換えである。

もう一つは、自ら寡黙になって言語がかろうじて多数の拘束力のない「言語ゲーム」の中に実現されるのを見た哲学者の表現であり、この言語ゲームを共通の概念で命名したり共通性を求める概念だけをもって説明したりするのは、すでにこの状態の偽造（共通の言語構造の解体についての思い違い）となる。

ティリッヒはこうした状態を古代の死の不安、中世の罪の不安に対置させて不安の第三期と呼んだ。それが意味喪失の不安である。彼はこの意味喪失の不安を受け入れ、それに対してバランスを取るような勇気を問うたのである。われわれはこの不安に固有な三つの契機、すなわち同一性喪失の不安、自己破壊の不安を説明してみよう。これらに直面するとき、ノーを言うことの難しさ、言語喪失、自己破壊と呼ばれる非存在に対してノーを言うことの難しさである。だがこれらを三つの契機は（ここから神学者に次のようなことを要請することができるかもしれない。すなわちこれらをその順

序のまま三位一体論を背景にして解明し、さらにこの不安の三つの時期をやはり三位一体論を背景にして解明することである。それぞれが自己破壊的な緊張に晒されていると同時に、一つが別のものをエスカレートさせるような関係にも立っている。同一性喪失を不安がる者は自己破壊の不安の中に逃げ込んでしまう。同一性喪失の不安は言語喪失の中に、自己破壊を不安がる者は同一性喪失の中に逃げ込んでしまう。だがわれわれが自己破壊という概念を使うその瞬間に知るのは、われわれの出発点としてきた運動が自己破壊の運動であると同時にその自己破壊の中に働くそこからの逃避の運動としても説明されるということだ。われわれはこれらの運動がすべて同じ運動すなわち吸引の運動を仮定しているように見えるということに気付く。意味喪失の不安が自己破壊のうちに起こり、その自己破壊の不安が「吸引」の運動の中で身を守ることができないことの不安だとしたら、ハイデッガーの不安についての説明の中に「吸引」が見出されるかどうかという問いも問われてよいことになる。

四

1　ハイデッガーは、不安の中でどのようにあらゆる対象が滑り落ちていくかを説明している[14]。不安がる者は「無を（フォア）」また「無に（ウム）」不安がる。言語（少なくとも「である（イスト）」を言いながら対象を目指す言語）はこの無を前にして消失してしまう。いかなる対象的な体現も「無化」するという意味で、この無は個々のであれ全体としてであれ存在者の非（ニヒト）である。しかしこれはパルメニデスを驚愕させた me on でも、また彼が虚しく抑圧しようとした ouk on でもない。それは、われわれがなお「存在者の中に手掛かり」を求めている間、つまり存在者の存在のための犠牲という決定的な「犠牲」を払わない間は、まだ無にすぎ

ない。この犠牲を払った者にとってのみ「無」は存在に対する新たな、しかも神秘の名前となるのである。

ヘーゲルが「存在」と「無」を「非限定性」において一致させながら、それらを二つの「空虚」と言ったのに対して（運動）の「不穏」から初めて分節化された現存在充実が生じてくるのである）、ハイデッガーは古い神秘的な伝統に寄り掛かりつつ、まさにその空虚の中に存在の充実を見る。だがわれわれはこの「充実」フュレという概念のところでつかえてしまう。

「なぜそもそも存在者であって、むしろ無ではないのか」という問いは、もはや体現の中で非存在を克服するような存在の威力に対する驚きを言い表すのではなくて、疑わしくなった体現の問題としての存在的＝存在論的な差異、すなわちなぜそもそも「存在者」であって、なぜ存在は自らを有限化しながら「ある［ヴェスト］」のか。なぜならそれは「その本質的な〈なる〉ヴェルデンにおいて有限」でありながら、まさにその有限な体現が「偶像グッツェ」となって、人はしばしばそこへ「忍び込んだり」、それを前にして神的な存在を「忘却したり」するからである。それともそれは存在の方がその忘却者を「見捨てた」のだろうか。

われわれには分かっている。ハイデッガーの困難は恩恵の体現の問題だということを。彼の思索の中心にはキリスト論上の問題が克服されないままになっているのである。体現はすべて両義的である。その両義的な体現に身を捧げることは偶像崇拝になるだろうが、とはいえそれに身を捧げることによって恩恵を受けるような体現なしには誰も生きていくことはできない。だから人は両義的ではないような恩恵の体現を探し求めることになるのだが、どんな体現に向けられたものであろうと、両義的な体現を一義的なものとして崇める限り、その献身は偶像崇拝となってしまう。その思索の一貫性を減ずるどころか、むしろそれの一貫した表現であるところの、ハイデッガーの怒りと失望を伴った動揺は、ある普遍的な運命を反映

する失望の産物なのである。［ここで］われわれは問わなければならない。いったい恩恵の体現という問題はハイデッガーの不安についての分析において吸引の経験とどのように関わっているのだろうかと。

2　ハイデッガーの不安の分析は（すでに記述の訴え掛けるような調子と何度も繰り返される分析の解釈は、ここが彼の神学的仕事の核心部であることを示している）吸引の体験に対して両義的な関係に立っている。不安は「動揺させ」、「存在者を全体として滑り落とし」、それとともにわれわれも滑り落とす。「あらゆる物そしてわれわれ自身」も「どうでもよいという無関心」の中に沈み込み、そこには「何の支えも残らない」。しかしこの運動の出発点たる無は「自分の方に引き付けて関わらせることをせず、本質的に不在である」。「それ（エス）」の方ではなく、滑り落ちていく物の方がわれわれに向けられる。にもかかわらずこの出来事の上には魅了するような「固有の安らぎ」の気分が広がり、「不安の無の明るい夜」という讃美歌風の表現が、一方でよく歌われる怪しげな讃歌を、またもう一方ではあのアウステルリッツの戦場の天高き空の下で深手を負ったアンドレイ侯爵に与えられたような思いがけない恩恵の経験を想起させる。ちょうど無化の拒否的な性格が吸引と矛盾するのと同じように、確かに恩恵はその無化の⑰「拒否的」性格と矛盾するように見えるのだが、その「拒否」とは何かと問うや否や、感覚と思考の相剋は解消されてしまう。

「無化する無」つまり、体現を偶像にし、その偶像を非存在にしてしまうこの神が拒否するのは、もっぱら不安がる者がその偶像にしがみついている間だけである。まだ「存在者の方から経験されている存在」として、この神は引き付けると同時に突き放す。だがハイデッガーの要請に従って「思索」を通してやっとこの「事柄」を追い求め始める「瞑想者」は、その拒否する者に受け入れられるためには、あとほ

んのわずかの一歩が必要だということを知る。いまだ粉々になる体現にしがみついている者の不安の対象となっている存在の深淵面がいまや恩恵面とみなされるのである。その過程は、欲することと欲しないこと、能動性と受動性といった区別から離れられない者にとってのみ「力なく物を滑らせ動かすこと」として現れるのだが、事実それはハイデッガーの不安分析において不安がる者にそのようなものとして立ち現れたのであった。ささやかな欲しないこと（これは「何かを＝欲し＝ないこと」という意味でまだ一つの欲することである）の彼岸にある大いなる欲しないことが初めて無頓着な者を泰然とした者にする。だが——これはわれわれの主張なのだが——両義性に抗して自己主張せず、怒りや必死の活動とも折り合わない泰然性とは、吸引を了承してしまうことを意味するのだ。泰然性は自ら流れながら、もはや流されていることに気付かない。後期ハイデッガーのどの著作においても問われ、その著作の読解を苦痛に満ちたイニシエーションの経験にしているような問いとは、いつも決まって次のようなものである。私は受け入れられているのだろうか、ついに受け入れられるにはまだ余りに私でありすぎるのだろうか。私はひょっとして受け入れられてまだいかがわしい構造に摑まっているのだろうか、例えそれが言葉の構造だとしても。

黙りこくることに逆らう言語を言語によって黙らせるという絶望的な努力は、言葉なき「一であること」を饒舌に守ろうとする者が陥ってしまう困難を示唆しているだけのように見える。それとも吸引の中に入り込むことが難しいのだろうか。ハイデッガーの後期の著作の吸引が強ければ強いほど、その吸引は自分の出自、すなわち失望からの由来をなかったものにすることはできなくなる。失望を片付けてしまうのは容易ではない。吸引に抵抗することがほとんど不可能のように見える場合でさえ、おそらくその吸引の中に入り込んでしまうことは簡単ではない。このプロセスを理解するためにはわれわれの社会の中にあ

る欲望(ズーフト)と吸引の関係を解明する必要がある。

五

1 ブロッホが無に盾突く「いつまでも＝まだ＝持た＝ないこと(ニヒト)」の中の非と表現した欲望の失望過程は、われわれが吸引の過程と名付ける過程同様、目標というものをもっていないように見える。過程という概念はどちらの場合でも疑わしいが、それは欲望の中毒となったり吸引に捕らえられたりした者に、停滞しないという確信を与えるような自己満足以上のものを示唆することはないように見える。だがもっぱら体現の中にのみ前進を経験するような思考を背景にしたとき、欲望と吸引は停滞よりも危険に見える。

われわれは中毒者が目標への努力をもっていることに気付いて狼狽する。まず一方で彼は自分の求める満足を得られないし、また自分を麻痺させてくれるはずの手段［薬］もその不満を麻痺させることができない。他方では彼はまさに失望を求めているようにも見える。つまり彼が中毒になっているのは、満足に対してではなくて失望の方に対してであるように見えるのだ。

欲望(オフト)［中毒］にとって対象とは結局それを投げ捨ててしまうための口実にすぎず、その意味で欲望は、「是が非でも持ちたい」という渇望(ギア)の表現を転倒させてしまうあの過剰消費の経験からも分かるように、邪魔になるものはすべてこの統一に抵抗するものとして無化抹殺されなくてはならない。だからこの経験を意識的無意識的に利用している広告技術が狙っているのは、もはや持ちたいという願望を呼び起こすことではなくて、密かな無化願望なのである。広告は吹聴される製品を代理しながらそれ自身が邪魔になる。だが欲望の運動の中にも、統一に抵抗するすべてのものに対する破壊的な報復に糾合されてしまうことのない

期待が感じられなかったとしたら、欲望はその目標を逸してしまうことになるだろう。消費する者はもはや物との「交渉」を求めず、それを「世界の外に」放り出してしまう。彼はその物を遠ざけると同時に、自分の与かりえないその物の構造をも遠ざける。だが彼はその目標に達することはない。一見片付けられたかに見えたものがヒュドラの頭のように再生してくるからである。それらはあのギリシアの英雄と哲学者たちにとっては両義的な現実であったもの、すなわち ouk on に変身しようとしてうまくいかない me on と同じもののように見える。しかしこの試みの失敗に対応するのは、それを試みたという hybris［倨傲］の認識（この認識は「悲劇的」なもので、唯一再生の奇跡によってのみ釣り合いを取ることができるギリシア悲劇の pathos であった）ではなくて、失敗した試みを継続する快楽である。中毒者の快楽から推測されることは、求められたものでないにもかかわらず、やはり失敗の運動が求められているのではないかということである。中毒者にとっては対象を「まったく別の」運動に結び付けりない。彼は片付けた対象の後を追おうとする。失望の運動を通して彼は「世界から」片付けるだけでは足くことを求めているのである。

中毒者の満足は破壊作業ではない。欲望、とりわけ自分の自律を疑いながら所有による統一に達することなく、献身に対しては尻込みをする自律的自己の欲望は、その所有と献身の両方から解放される運動を求めている。その欲望は渇望へと歪められた所有を超えて、歪められた献身における統一に到達することを求めているのである。その欲望の「持ち＝たい」はもはや「何かを」持ち＝たいということではなく、またその献身は「何かへの」献身ではない。失望とはこの目標に到達するための手段である。破滅的なまでの消費も夢中になることを欲している。それは失望させる体現の世界から解放されるための手段である。中毒者が得ようとする満足とは吸引に吸い込まれること抹殺しようとする者は自分を抹殺したがっている。

となのだ。

2

　欲望と吸引の両者は存在の深淵面にまで及ぶ。それらは、体現の中でこれらのバランスを取ってくれる恩恵を諦めて、もはやバランスを取ってはくれない体現に対する失望を表明する。それらもまた統一を得ようとするのだが、失敗した体現の中では歪められて見える統一に失望して、物の深淵共同体 Abgrundsgemeinschaft における統一を求める。ここで「深淵共同体」というメタファーを選んだのは、見掛上は意志に反して自分を破壊しているように見えながら、その実はこの共同体の中で安堵感を得ようとしている人間と人間、人間と状態といったものの間を密かに動かしている形なきもの、形成されざるものの魅力を明らかにするためである。破壊と自己破壊は同じ目標をもっている。両者はともにこの共同体に向かう途上の一歩にすぎない。

　欲望とは体現に失望した自己脱体現化の運動であり、存在の深淵面において恩恵を求めるものである。また吸引とはその自己脱体現化しようとするものを自分の中に吸い込んでしまおうとする運動であり、それは存在の深淵面から出てくるものである。無に向けて硬直してしまう「持たないこと」の非としての欲望と、無に向けて硬直してしまう「持たれ＝ないこと」の非としての無のことを言っている。それらは体現の思考を前提としている。体現に対する失望から出てくる思考にとっては、この無がいまや「存在のヴェール」[20]となる。すべてに失望した者は「無」を持とうとする。彼はすなわち存在を欲するのだ。彼は、失望した憧れの対象から自分もまた受け入れられるようになったとき初めて成功するような、そういう統一を欲している。「何も＝持ち＝たく＝ない」は今や「無に＝持＝たれ＝たい」となり、そして吸引という

表現が言い表しているのは〔まさに〕この存在の深淵と恩恵の両面なのである。だがこれは恩恵なのだろうか。

欲望と吸引の解明から生じてくる恩恵概念の問題を解明する前に、われわれは脱体現化の問題をもう一歩突き詰めておかねばならない。それは、もはやバランスを取ることができなくなって体現に失望した思考は、バランスをけっして取ろうとはしない思考とは別の恩恵概念の下に置かれていないのかどうかという問題である。それはまた、そうした思考は、その名に値する脱体現化の思考とはまったく別の、自己破壊の弁証法に従っているのではないかという問題でもある。

フロイトはラディカルな脱体現化の思考を解明しようと試みた。そこでわれわれとしては彼の企図したモデルの問題点を明らかにしてみよう。

六

1 フロイトが「死の欲動」という両義的な概念(この概念が両義的だというのは、例えばわれわれが情動の中において、存在の深淵にまで及ぶ一つの現実として経験するこの概念が、その深淵から立ち現れる現実を説明しており、その深淵に立ち戻る方の現実を説明してはいないように見えるからであるが)で説明する元の状態への後戻りは、フロイトが「生命欲動」の本来の働きと推定した「有機物のつねにより大きな統一体への統合」に劣らず統一を求めている。解こうとしなくてもいつもフロイトの疑念の背後に潜んでいる問題、それはこの二つの欲動の目的論的な共通性の問題である。一見すると現実を一元論的に解釈するか二元論的に解釈するかということのように見える問題にも、その裏側には体現の思考と脱体現化の思考のどちらを優位させるのかという問いが潜んでいる。

フロイトは快感原則および現実原則に矛盾するように見える反復強迫の破壊的な力に驚いて、そこから欲動の「保守的な性格」を推論する。欲動とは（この点では例えばブロッホの分析に出てくる「駆り立てるもの」といった、われわれに馴染みの欲動イメージとは反対である）古いあるいは最古の状態にしがみつき、どんな前進的運動をも反復によって摑まえ、それを不発に終わらせるような、有機的生命がもつ「惰性」の表現であるように見える。つまり「欲動」は無機物の安らぎを取り戻そうとしているのである。

生命欲動の運動はこの欲動の保守的性格に矛盾するように見える。それともそれは矛盾ではないのだろうか。この生命欲動の運動もあらゆる緊張を解く究極の緊張緩和たる死に似た充足の状態を求めていないのだろうか。生命欲動もまた不穏を作り出す生命の破局以前の断念された無機状態を目標としているのだとしたら（ひょっとしたら生命とは障害から身を守るための無機物の技巧のようなものにすぎないかもしれない）、それもまたその大小の「迂回行動」、すなわち言語、思考、自己運動を消失させてしまうような拒まれた物質の自己運動もまた「迂回行動」、すなわち言語、思考、個体化した直接の統一を間接的なもので置き換えようという試み、あるいはついぞ成功しないながらも絶えず続けられる試みにすぎなくなろう。

もし事態が、フロイトがある考えの説明を一貫させるために（というのもどんな考えも一貫性を恐れてはならないからであるが）試験的に述べている通りであるとするなら、ますます「後戻りの道」（この言い回しはここではフロイトのものであって、もはやハイデッガーのそれではない）こそが「完全な充足」ということになろう。そうなるとあらゆる生命克服の試みは強いられた欲動の「抑圧」の結果にすぎなくなり、「進歩発展」はファントム、「文化」とは、宇宙的スケールのもの、つまり生命による安息妨害を終わらせようとする試みに背いた産物だということになる。いまや自然の状態とは死、帰還、消滅であり、

125　4　ノーを言う難しさ、あるいは自己破壊の運動と抵抗

幸福のあらゆるモデルは死のモデル、睡眠と母胎への後戻りのモデルとなる。どんな生命にも「深淵に向かうどうにもしようのない自然な性向が生まれついている」。その性向とは、もはや抵抗もしないソクラテスたるグスタフ・フォン・アッシェンバッハが、その前触れの夢の中で彼の少年タジオ＝パイドロスに説いていることでもある。

「欲動」という概念はここでは撤 収の別の表現にすぎない。もはやそれ自身生きた個体ではなく、もともと生きていないものがその個体の中に現れる生命という重荷から解放されようと欲しているのである。だが「欲する」という概念も「欲動」という概念もともに誤って選ばれたものである（ここには説明も付かぬ障害を除いては欲したり駆り立てたりするものは何もない）。撤収とは阻まれた「それ自身＝の中に＝立ち戻ること」以上のものではない。だとすると一個の生き物さえこの目標に同一化しようとすることは謎のままとなろう。

2　だがフロイトの生涯にわたる仕事を見ればわかるように、生命欲動と死の欲動の相補関係の問題は別の解答を用意している。彼が得ようと努力した「治療」という概念はこの相補関係を抜きにしては理解できないだろう。

神経症とは阻まれた一体化の表現であり、一体化を必要としない状態、つまり「ノー」に脅かされることのない自分自身の存在の「残余」に引きこもることの表現である。それが病気となるのは、この自分自身がその縮減に悩んでいるからである。だが彼は治療者に対して一体化の不安と隔離の不安という二重の不安に起因した二重の抵抗を示す。彼が神経症状態の中で自分を囲う砦は、彼を一体化のリスクから救うものであると同時に、失敗した一体化の代用でもあらねばならないからだ。まさにここに治

療の難しさがある。つまり治療は患者を繰り返し新たに盟友として獲得しつづけなければならない。なぜなら患者の代用形成を攻撃する医者は、たんに彼の助力者にとどまらず、彼の敵でもあるからだ。失敗した一体化を別の失敗した一体化に置き換えることがなく、それを成功した一体化に翻訳することがうまくいったとき、初めて治療は成功するのである。もしあらゆる一体化が完全解消を試みて失敗した一体化の代用にすぎなければ、治療という概念は根本的に違う様相を呈するだろう。そうなれば治療とは諦めてその代用で我慢することになり、病気とはまさにたんなる一つ以上の代用を持とうとすることになってしまうだろう。

七

実際多くの深層心理学理論は（もちろんそれだけではないが）代用形成の優先を出発点としている。つまり元になる統一が破壊され、後のものはすべて失われた根源に比べればどうでもよい代用だという考えである。しかしこれはフロイトの立場ではない。フロイトが翻訳の立場を取り、代用の立場を取らなかったということは、医者としての彼にとっては自明のことである。彼はつねに新たなバランスを求める。エスを自我に翻訳するという彼の要請も、解消による一体化よりも、認識を通して存在の深淵面とさえ一体化することの方を優先させるということを言い表したものである。

われわれは二つの一体化概念を知っている。一つは分離を取り除くと同時に分離したものをも取り除くことを狙いとしている。その恩恵は消し去られることであり、それは成功した脱体現化である。もう一つの一体化概念は分離するものの克服を狙いとするが、その一体化の中にも分離されたものを存続させる。前者の場合にはバランスを見付けようこちらでは恩恵は分離されたものの一体化に成功する体現である。

という試みはいずれも恩恵のない冷酷なものとなる。後者の場合では恩恵はバランスを取ることの成功である。しかしこのバランスはけっして持続的なバランスではない。それは繰り返しつねに新たに見出されなければならないが、その難しさは体現の難しさである。

存在の深淵面に囚われて落ち込んでしまったり、その深淵面を抑圧して自ら硬直したりすると、体現はうまくいかない。バランスが動揺するたびに（現在われわれの時代において最も強い余韻を残しているのは啓蒙的調和信仰の解体である）解体から守ってくれるという硬直した残余の方に手が伸びる。脱体現化の不安は硬直した恩恵概念に帰着してしまう。この恩恵概念は、疑わしいどころか反対に疑問の余地なく妥当でありながら支えになる体現の倨傲というギリシア的ヒュブリス hybris に対応するような、キリスト教側の対応像を表わしている。この体現に対する失望が（すでにその体現が同じように硬直した他のすべての体現といっしょになって帰着する廃棄し難い分裂において）その失望者にその不安の対象を〔逆に〕恩恵として求めさせることになる。失望をなかったものにしてくれるのはすべて失望者を嫌悪と自己嫌悪に追い込む。彼の目標となるのである。しかしこの新しい恩恵概念は、硬直した古い概念の反面にすぎず、古い概念と同じように狂信を煽り立てる。体現の失敗を想わせるものはすべて狂信を煽り立てる。体現が「泡」に解消されてしまうまで安らぐことはない。

われわれの自己同一性喪失のメタファーであった泡は、いまや恩恵を受けるための用意を言い表す。大渦のラッパ状の壁に轟く波と同じように、それは逆らおうとしてできたのか吸い込まれようとしてできたのかを区別することもできないようなゾーンである。それが表わしているのはたんなる抵抗の欠如ではなく、諸々の抵抗の相互干渉である。スローターダイクがその呼びかけ『泡の中の同胞』[24]の中で言及した連帯とは犠牲の連帯なのである。

われわれのテーゼはこうである。「泡」とは恩恵に背を向けた空洞化した現実の帰結ではなくて、硬直した現実および呪物にされた恩恵概念の帰結である。それが出てくるのは、体現への嫌気からでも新旧の脱体現化の思考からでもなく、体現の思考の倨傲からである。言語喪失とは断じて雲散霧消する言語の帰結などではなくて、硬直した言語の帰結なのだ。言語喪失の不安が元で硬直した言語が初めて言語喪失の無に追い込むのである。

ここで使われた諸概念は自己破壊の過程を説明する。この過程はわれわれの知っている他のどんなものよりも危険だということで区別される。この過程は何世紀も続いてきたと見えたバランスへの失望ばかりから生ずるのではなくて、バランスそのものへの信頼に失望することからも生ずるのである。さまざまなバランスが繰り返し解体され、それとともに、かつて一度はバランスを持ったことのある体現にしがみついていた人間たちは自己破壊に晒されてきた。この過程は個人的な神経症の中で起こる自己破壊と根本的に区別されるわけではない。だがたとえ歪められていようと、どんな個別の体現も恩恵の体現である以上、成功不成功を問わず、そのどれの中にもバランスが見て取れるという信念にとっては、バランスに対する失望は同時に体現の世界に対する失望を意味する。だからこそ自己破壊は今日ではもはやたんなる部分的な危険ではなく、普遍的な危険なのである。そしてだからこそ自己破壊の運動の中での抵抗を問うことは、具体的な解答にとどまらず普遍的な解答を要求しているのである。

初版あとがき

著者は抒情詩と論理学と精神分析学、また存在論と倫理学、さらには宗教学と文化批判といったように、様々な分野をごっちゃにしているではないか、という非難を受けることになるかもしれない。あるいはまた人間の身体と心、自然と歴史、倫理的領域と美学的領域、理論と実践を混同している、と言われるかもしれない。

これに対して私はただ一つの弁明しか持ち合わせていない。すなわち、それなしにはわれわれが自然やわれわれ自身の力の前に無力なままで晒されてしまうであろうような領分、領域、分野といったものは、いずれも究極的には互いに区別できないということである。それらの中でわれわれを無条件にとらえるものは何か、とわれわれは問うことができる。どんな衝撃がこれらの領域や領分を、つまりまさにこれであって他のものではないという形で区別することをわれわれに強いるのか。それらの領域は何に対して答えているのか。それらの中で何が明らかになってくるのか。それらがわれわれを何から守ってくれるのか。もしそれらがなかったら何が起こるのか。これらは宗教哲学が問わなければならない問いである。アルカイックな祭式の類似性を研究する者は現在の祭式の中にある儀礼の類似性をも問うことができなくてはならない。彼はもっぱら見かけ上だけで信頼されているものの疎遠性と親近性の中に自分自身のそれを見る

であろう。彼には文化のあらゆる「産物」に対してそれを生み出した諸始源を問うことが許されていなければならない。彼がその中に神の力を認めるならば、彼はなぜまさにこの力がその崇拝されているものの力はどこまで及んでいるのかを問わねばならないであろう。彼が多神教の社会を研究できるとするなら、それは、いかにして人間は多神教の社会の中に「安寧」を見つけるのか、つまり人間は何にしがみついているのか、何に失望しているのか、どこで挫折するのかといったことを問うことによってのみ可能なのだ。これらの不断に問い続けられる問いはすべて多神教の状況下に生きる人間だれもがその自分の一生を通して問い、そして答えていかなければならないものなのである。

もし学問というものが「方法的に」問うことだとするならば、このような問いを問うことはつねに藪の中の道を行くことを意味する。というのも、かの諸力はその力のことを問う問いを妨げようとするからである。それに対する問いがここで起こるよりももっとシステマティックに起こりうるならば、どんなにか楽なことであろう。改めて人間社会の神学を提供したパウル・ティリックの体系神学のような仕事には頭が下がるばかりである。そこでは先述のような問いが立てられ、それに対しての解答が与えられている。私は賛否を含めてこのティリッヒの仕事の立てた問いとその解答に準拠できればと考える。だが私のこの著作においてはそれとはまた別のことが問題になっている。私はある限られた状況の経験から出発しているる。すなわち第二次大戦直後のドイツに広がった一種の無関心を伴った経験である。この経験がこの著作の全考察を規定している。これらの考察はまさにあの経験に対するコンメンタールとして読まれうる。

最後に国家社会主義と呼ばれたあの破壊的な運動が、ドイツにおいていかにして可能となったのかを、たんに特別にそのためにのみしつらえられた分野に限ることなく、学問的な誠実さを以て問うことが（そしてこう問うことのみがわれわれの世代に属する者たちにとっていささかでも有益だったはずだ）その時

期を逸して以後、私には今やわれわれの怠慢の帰結たる無関心という甲冑を貫いて問い抜くことが大きな学問的価値をもった課題であるような思われる。

ここに発表された仕事はまったく別の様相を呈するかもしれない。それは多くの資料や出典から組み立てられ、もし著者が自分の精読した文献を広めようという野心でも持っていたとすれば、一巻の引句集であるようにも見えるかもしれない。しかし著者を駆り立てた野心は別のところにあった。それは多くの刺激的な言葉や言い回しを通して、一般に流布した概念やもっぱら個々の著者にのみ帰せられるような特殊な概念を暗示しているものに共通する態度や振舞い方を明らかにしてみようということであった。この著作は宗教哲学の問題提起に支えられた宗教学研究であることを求めている。これはほとんど解消不可能な、あるいは解消のために多大な労苦を必要とする研究対象のもつ困難にかかずらう。すなわちある社会の宗教運動、つまり名目上はキリスト教宗派の信徒と離教者とに別れていながらその成員たちがキリスト教宗派の信徒または離教者として行動するところでは、その信仰のための戦いがはっきりしなくなってしまうような、そういう社会の宗教運動にかかずらうのである。対象を捕らえるという問題は捕らえる側のその対象に対する立場の取り方によっていっそう尖鋭化される。なぜなら彼は自分をも疑問に付すような対象を問うからである。対象的中に成功したかどうかは、「私的」な経験（しかもそれは自分の経験のみならず読者の経験をも含むものだが）と「客観的」に証明可能な事実との差異を消失させることに成功したときにのみ初めて分かることになるだろう。このことは方法の不純ということではなく、このような対象についての問いについての問いなのである。このことから生ずる諸問題については著者はかつてまわる学位論文（『問うことと問いについての試論』）の中

133　初版あとがき

で明らかにしようと試みたことがある。

こうした諸困難がもとで主観的と客観的、直接表現的と異化作用的といったさまざまな記述様式間の「飛躍」の試みも出てくる。「報告」調と「反省」調、あるいはまた「瞑想」調と「分析」調といったものがしばしば無媒介に交替するが、しかしそれはけっして無計画になされたものではない。このような交替はしばしばテクスト中のダッシュによって記されている。これは段落の代りになるものではなくて、パースペクティヴの変化にもかかわらず同じ対象への固持を強調しているのである。〔訳者注──本文中には数字の付いたパラグラフを除いて一切段落付けがなされていない。しかしこの訳書では少しでも読み易くするために著者の了解を得て文中のダッシュをすべて段落にしてある。また部分的にはこのダッシュの部分が短い場合にはそれをそのまま生かしたり、文の中に織り込んで訳してある箇所もある。〕

以上に概略したような方法にあっては出典引用は無際限になってしまうか、あるいは個々の引用符の箇所の証明に限られることになろう。この両者の折り合いを付けるのは難しい。著者にはしばしば出典が再認識の助けになるのか妨げになるのか疑問であった。また例えば「教えることの起源」についての補遺は、この著作の流れをパラフレイズしながら先取りするだけでなく、理論形成のための非難、疑問、アプローチをコンパクトな形で論議するように組み立てられている。同時にこの補遺の第一部で試みられた、著作全体の基礎をなす人間「モデル」の慎重な記述は、その後の二章のための土台となっており、それのおかげで場合によってはたんなる印象の記述にしか見えないこれらの章が、初めて体系的に関連し合うものとして理解されるようになっている。実際に印象に止まりそれ自体何の典拠ともならないような出典ならばたんに理解の妨げになっただけであろう。

134

この試論全般を貫いてティリッヒ、ハイデッガー、ホルクハイマー、アドルノの立場との対質が図られている。その理由について少々コメントしておきたい。著者の姿勢はティリッヒの弁明論的な姿勢（弁明論というのは、その姿勢から放たれるノーがまだその否定を意味しているからであるが）に添うものである。この弁明論的な姿勢は三位一体論問題のキリスト論的解答の一帰結である。これに対してホルクハイマーとアドルノの立場は、ヘーゲル用語で表現されてはいるものの、キリスト論的に見れば、一つの予言者的プロテストである。それは根源力への信仰を破るものだが、来るべきメシアを待ち望むという意味においてはただ期待の体現を知るにすぎない。この立場にとっては否定された者のどんな弁明も早まった和解として疑わしいものとなる。彼らのプロテストは有益で、本書もまたそれに負うところが少なくない。だがこのプロテストは恩恵（つねに体現された恩恵）の問題に関してはただ、惑わされることのない期待の中に現在するものだという解答を与えてくれるのみである。ハイデッガーの立場は結局崇拝される根源の力と、この力を越えて一つの存在という中立無関心な根源力へ自分を高めることとの間を揺れ動く立場である。痛々しい失望のプロセスとして（というのも恩恵概念はここでは体現された強制と脱体現化する空虚との間を行ったり来たりするからであるが）ハイデッガーの思索はわれわれの経験の最も重要で概念的にも最も明晰な鏡）であり、一見それと見えなくとも、彼の著作に由来する多くの概念を通してこのハイデッガー思索との対質討議が明らかになっているはずである。

135 初版あとがき

原　注

序　プロテストについて

(1) ハイデッガーの Stellen [立てる] について。——'Vorstellen' [表象する、紹介する] と 'verstellen' [置き換える、偽る] については Was heißt Denken? Tbg. 1954 の中のニーチェの「瞬き(プリッツェルン)」の解釈に関連して、「遅らせながら表象すること das nach-stellende Vorstellen は（われわれの時代に特徴的なことだが）存在を塞いでしまう verstellt.」(S. 30 ff.)「存在についていつも同じこと das Selbe を言うことが肝要事である。」(S. 20)——野の道の話し掛けについて。「野の道」という用語はよく知られた短文 (Frft. a. M. u. Butzbach 1953) の中に出てくるだけでなく、他にも出てくる。例えば Holzwege, Frft. a. M. 1950 のニーチェ論 S. 194。——言語については Unterwegs zur Sprache, Pfullingen 1959. そこでは「本来の立ち戻り」は「言葉の破壊」へのそれである (S. 216)。「聴従しながら gehörend」聞く Hören こと (Feldweg) では、「その由来に従うもの Hörige」であって「策謀の従僕 Knechte」ではないとされ、Was ist Metaphysik? Frft. a. M. 1949 第五版の序文 S. 12 には、「より思索的」な思索 (Aus einem Feldweggespräch über das Denken, Frft. a. M. 1959) にも見られる。——道教的にも禅仏教的にも響く言い回しについては後期の全著作を通して見られるが、また終戦直前に書かれた「泰然（放下）」についての対話 (Aus einem Feldweggespräch über das Denken, Frft. a. M. 1959) にも見られる。——道教的にも禅仏教的にも響く言い回しについては後期の全著作を通して言える。例えばある日本人の「言葉……言の葉」の説明をきっかけになされた Gespräch von der Sprache の中の「静謐のそよぎ」「呼び掛ける静謐の純粋な魅惑」(Unterwegs zur Sprache, S. 142 ff.)「静謐の音」(同 S. 30)、「物音からの音」(S. 208) 等々。——（踏破された道程ではなく、この言い回しの）無数の類似

例の一つとしては「言葉は存在するか否か。それは小鳥の囀りと区別されうるや否や。」(荘子、引用は LinYutang、老子、道についてのコメンタール、独訳 Frf. a. M./Hambg. 第二版 1949, S. 41) ―― 根については「現実的なものに向けられて根付いた思索」(Vom Wesen der Wahrheit, Frf. a. M. 1949, S. 5) およびハイデッガーの全著作を特徴付けている等置。

I ノーを言う難しさへの一歩、あるいは「試み」の問題

(1) パルメニデスの引用は Diels–Kranz のテクスト Fragmente der Vorsokratiker 1, 第七版 1954 に拠る。―― 二つの道については断片 2、両者の混合については断片 6、存在の記述については断片 8、道 ($\mu\tilde{v}\theta o\varsigma$ $\delta\delta o\tilde{\iota}o$) のミュトスについては断片 8、1、双頭の愚かな大衆の記述については断片 6。―― 'Ἄκρανοι (6、5) は確かに「弁証家」の意味を含んでいるが (6、9 'παλίντροπος' のヘラクレイトス断片 51 への暗示を参照)、同時にそれと大衆をまったく同置する。本書の中に描かれているパルメニデスの試み、つまり $\mu\grave{\eta}$ $\check{o}v$ を $o\grave{v}\kappa$ $\check{o}v$ に変換させようとする試み（決定的な箇所としては断片 2、3 と 6、1f）にとって重要なことは、断片 6、9 の暗示の次のような解釈である。つまりヘラクレイトスの $\pi a\lambda\acute{\iota}v\tau\rho o\pi o\varsigma$ $\grave{\alpha}\rho\mu ov\acute{\iota}\eta$ はパルメニデスの $\mu\tilde{v}\theta o\varsigma$ $\delta\delta o\tilde{\iota}o$ に対立するものではなくて、両者は同じ目標を目指す道だということ、違いはただパルメニデスの目にはそれがより不完全なだけだということである。というのもヘラクレイトスは上記の断片でアポロンの持っている二つのアスペクト（弓と竪琴）をそのどちらの側にも服することのない法則（$\grave{\alpha}\rho\mu ov\acute{\iota}\eta$）において統一するのに対して、偉大なる神学者クセノパネスの弟子パルメニデスにとってはそれでは不十分で、両者の挙示はメーオン的脅威であり続ける。ヘラクレイトスのタオは和解すべき神の根源力どうしの不和への記憶を余りにも強調し過ぎている。すでにクセノパネス（断片 26）は不動の唯一神によってこの不和への記憶を忘れさせようとし、このことをはっきり表明したのがパルメニデスである。

(2) ここで使われている 'gegenüber' と 'in' という概念は著者の学位論文 Versuch über das Fragen und die Frage, Bln. 1952（未公刊）において重要な役割を果たしている。―― その展開においてはまだ不十分とはいえ、この学位論文の出

(3) 決定的な箇所としては断片2、3 (ὡς οὐκ ἔστι μὴ εἶναι) と6、2 (μηδὲν δ' οὐκ ἔστιν)。——ここにはギリシア的思考の普遍的な性格が表れているが、この性格は本書を通してさらに深められていくことになる。特に言語についてのわれわれはここに哲学的努力と神話的努力の共通性と共通する挫折を見ることになる。例えば世界のメーオン的な怪物 Ungeheuer(哲学的にはメーオン的な馴染まぬもの Un-Geheuer)を駆逐しようと企てる英雄はすでに征服したものに似たものによって騙し討ちにされる(ヘラクレスはネッソスの命を脅かす血によって、オイディプスはスフィンクスの謎によって、またオデュッセウスでさえ、古い言い伝えによれば、エイの鰭つまりテイレシアースが予言した「海の死」によってその運命を被っている Od. λ 134 ff.)。ὕβρις という概念はこのような企てが不遜で無駄なことであることを言い表すものであり、そうした企てては神々にさえ不可能なのである。したがってヒュブリスとはたんに神のようであろうとするに止まらず、神以上であろうとすることを意味する。例えばヘレスポントスの上に橋を架けようとしたアイスキュロス描くクセルクセスのヒュブリスは(それはひとえに脅威になる me on ouk on に変換させようという試みなのだが、その罰としてアイスキュロスの伝えるペルシア人たちはサラミスでも逃亡の際にもいたるところで溺れ死にをしなければならない)たんにポセイドンの縄張りへの侵入なのではなくて、神々も従っている諸領域への分割(つまりだれもが自分の縄張りに関しては神なのだ)を元に戻してしまおうという試みなのである。個体化の原理というのはメーオン的にはすでに硬直したその多神教に根差しているのであって、様々な脱デーモン化された存在者が、ちょうどあらゆる多数性を越えて高まっていくパルメニデスに、依然としてデモーン的な脅威でありつづけるような後期アリストテレスの定式化において初めて見出されるというわけではないのである。

発点 'Gegenüber-und-in-zugleich' は具体的な存在者と普遍的存在とのいかなる分裂にも反対するプロテストであった (S. 93/94)。対象化と脱対象化のバランス (対象概念 S. 114 と S. 126) およびいかなる排外的な知にも反対するプロテスト (特に最終章の例えば S. 213f.) を参照。背信的知へのプロテストは、メルヒェンについての章、神話についての章、説話についての章、第四章の連帯概念、それとソクラテスについての論議を規定している。ハイデッガーとの対質については S. 104 と「注」S. 70 の注22を参照。言語概念については S. 105 ff.

る。パルメニデス哲学の悲劇的アスペクト、彼のヒュブリスに対する復讐に関して言えば、ティターンがタルタロスの中にあるように、神的に一なるものは今やそれ自身が枷をはめられる（断片6、26）。暗黒の $\delta\alpha\iota\mu\omega\nu$ は世界遊戯の真ん中に立ち（断片12）、その支配はクセノフォンの $\nu o\tilde{o}\varsigma$ のそれに比べてはるかに淡さ崇高さに欠ける（Xen. 断片24／25）。——パルメニデス神学の脱デーモン化の仕事はディールスの翻訳ではまだ十分明確になっていない。この翻訳の IST と NICHT IST という紛らわしい表現（8, 8ff は特にそうである）は、時にパルメニデス神学を単なる論理学的企てであるかのような印象を与えてしまう。事実そう理解したのが Karl Reinhardt (Parmenides und die Geschichte der griechischen Philosophie, Bonn 1916) である。だがパルメニデスをはっきりと神学者として扱い、不審の念を以て Reinhardt を引用する Werner Jaeger (Die Theologie der frühen griechischen Denker, Stg. 1953, S. 107 ff.) もまたパルメニデスをギリシア宗教史の中に加えることをできないでいる。Reinhardt がパルメニデスの中に「認識以外の願望を知らず、論理学以外の束縛を感じず、神にも感情にも無関心な」思索家を見ると同時に（このことはすでにアリストテレスとディオゲネス・ラエルティウスによって指摘されていて、前者はパルメニデスがクセノファネスの弟子であることを、後者はその昇天については言うに及ばず、パルメニデスがアメイニアスのために墓標を建てたことを報告しているのだが）よりによってパルメニデスをアメイニアスのために墓標を建てたことを報告しているのだが）よりによってパルメニデスを粗暴な破壊者に数え入れているのに対して、Jaeger は（その意図が必ずしも明らかではないものの）これを「神秘」の概念を使って守ることを心得ている。「神学者はこの神秘の中に神がいないと言って嘆くだろう。しかし生きた宗教感覚はこの純粋な存在論を啓示ないし真の神秘として認め、パルメニデスの深遠な存在－体験に触れていると感ずることだろう。言い換えれば、宗教的なものはここではまず対象の神的等級分けの中によりも、人間的感動や真理と仮象の二者択一に対する態度決定の中の方に多く見出される。」と言っておいて、次のような謎めいたことを言う。「しかし結局はギリシア人にとってこの認識者の宗教的態度の根拠は認識されるものの品位と意味の内にあるのである、等々」。残念なことに Jaeger の全記述には（バッハオーフェンやニーチェは言うに及ばず）例えば Jane Harrison（すでに 1903: Prolegomena to the Study of Greek Religion, Cambridge）あるいは印象深い Dodds (The Greeks and the Irrational, Berkeley 1951) や Kérenyi の全著作の中で指摘されているような、ギリシア

宗教の闇のような背景が欠けている。だからこそ——少なくとも一つだけ証拠を示しておくと——Jaeger は先に挙げたヘラクレイトス断片B51（παλίντροπος ἁρμονίη ὅκωσπερ τόξου καὶ λύρης）の「比較のための第三項 tertium comparationis」の謎を巡ってあれこれと多言を労し（S. 139）、ヘラクレイトスがアポロンの神学者として語っていることを見過ごしてしまっている。当のヘラクレイトス自ら（例えば断片93のデルフィの聖域の主 'οὔτε λέγει οὔτε κρύπτει ἀλλὰ σημαίνει, ここでは Jaeger がゲーテの言葉を使ってもらしく見せ掛けているような（S. 140）「暗示する」ではなくて「意味する」が問題になっていて、その点ではもっとも Diels が正しい。）自分をそのような者と認めたことについてはディオニュソス＝ハデスの神話素も考えられる。なぜならディオニュソスはデルフィの別の「主」だからである。断片15）、弓と竪琴という属性を（音楽の達人であるとともに遠くを射る者、白鳥であるとともに狼、ペストをもたらす者であるとともに都市計画者——その竪琴の演奏が壁を造り上げた）アポロンの「互いに対抗し合う」両面だと言っているにもかかわらずである。これに関してはアポロン賛歌を参照。ここではいま述べたことがはっきりとしかも繰り返し述べられている。アポロンは誕生するや否やこの両者を自分の物だと宣言している（V. 131）。（ここでは λύρη ではなくて κίθαρα とされているが、ヘルメス賛歌におけるような両者の密接な繋がりを意味する賛歌詩では κίθαρα, λύρα, φόρμιγξ が任意に取り替えられている。）さらにアポロンとハルモニアの密接な繋がりを意味するピンダロスの多くの暗示的記述を参照（カドモスの結婚、アポロン賛歌 194ff. etc.）。（リュキアの）アポロンのもつ狼の側面については Kerényi のアポロン書（新版 Düsseld. 1953）の中の見事な描写を参照されたい。 根拠に関しては Preller, Griechische Mythologie, 第二版 1860 が豊富である。アポロンの偉大な叙述家 Walter F. Otto（Die Götter Griechenlands, Frft. a. M. 第三版 1947）はもちろんこの両面を知っていた。しかし彼は両者を理想化しながら片方に解消させている。弓と竪琴はともに（矢と歌が）遠くを射当てること、つまり「遠さ」、「精神的」隔たり、「清浄」、「気品ある」距離を表わすというのである。そのためへラクレイトスの引用（S. 77）は、ただ「二つの道具の親密性」の証拠として持ち出されるだけで、両者は最終的には一つに解消されてしまうのである。私の考えでは決定的に重要と思われる性格、すなわちパルメニデスにとってはまだ満足のいかない緊張し合う物の調和という性格は出て来ない。というのもここにはその調和が姿を表わす場所としての緊

(4) パルメニデスの昇天については断片1（これに関連してはシャーマンの昇天、また補遺のオデュッセウスの話に関しても——以上の注釈はけっしてKarl Reinhardtのような尊敬すべき昔の文献学者を批判するためのものではない。そうではなく、これは共通の対象を扱いながらほとんど理解不能なまでの分裂状態に陥っている研究状況を批判するためのものである。

てもシャーマンの冥界行きを参照。この関連はこれまでほとんど顧みられてこなかったが、ギリシアの信仰とシャーマニズムの繋がりを最初に指摘した注目すべきものとしてはDoddsの先にあげた著作がある。例えばそのオルフェウス像）——Snellはパルメニデスの昇天をまともに受け取って、それを「光と啓示へのそれ」と解釈している。彼はパルメニデスの中に「宗教的感動」を認めているが（しかも注目すべきことに、それは「クセノファネスは言うに及ばずホメロスやヘシオドスにおいてよりもっと強い」と言っている）、しかしその著作（Die Entdeckung des Geistes, Hamb, 第三版1955）の基本テーゼに従えば、その企ての全てはただ「純粋な思惟」の啓示にのみ当てはまる。例えば「それによって叡智的世界がその独自性において発見された」（l.c. S. 297 ff.）と言われていたりするように。——パルメニデスの感覚敵視については断片7・8と本書第四章注15のヘーゲルの引用を参照。——昼と夜の固定した交替という啓蒙の神話的モデルについては断片1、10—15および本書第二章注30を参照。——日輪の娘たちについては断片1、9。またこれ

(5) ニーチェの『ディオニュソス・デュテュランボス』の「栄誉と永遠」第四連末尾の表現（Schlechtaによる著作集版München 1955, II S. 1263）。——「存在の永遠の肯定」、この唯一の「掟」（「永遠の彫刻板」「存在の最高の星辰」「必然性の表徴」）は賛美と絶望のヤーを言うことである。『ツァラトゥーストラ』第三部でヤーとアーメンの歌を歌うのは、自分の動物たちに存在の大いなる循環（「車輪」、つねに同じ「家」、永遠に更新する「年」、永遠に忠実であり続ける存在の「輪」）を告知された「快癒する者」である。彼は自らの破滅に先立って「円環の代弁者」を名乗っていた。ところで「とてつもなく無限のヤーとアーメンを言うこと」（Zar. III, WW II 415）の中では道教的な一体化と自傷的な制限とがない混ぜになっている。例えば大いなる大地と人間の真昼やその「聖なる」ヤーを言うことに対しては、目を逸らす

142

——すなわち何物をも近付けない、「繰り返しノー」が必要となるようなところから身を逸らす」、何も「反応」しない(すでに「ハリネズミ」であることさえ多すぎ、「針をもっていることは浪費である」、"Ecce homo"、「なぜ私はかくも賢いのか」8, WW II 1903/94)——という要求が対置される。ここで大いなる大地と人間の真昼は自己破壊の痙攣として浮かび上がってきている。「目を逸らすこと、これが私の唯一のヤーを言う者でありたいだけだ」(『悦ばしき知識』Fr. Wiss. IV, 「新年を迎えて」, WW II 161)。これは、空しく神を探すディオゲネス——白昼にカンテラ片手の「狂人」——をして方向喪失に陥った恐怖を語らせた男の避難場所である。「われわれは絶え間なく墜落(突進)し続けているのではないのか。後ろへ、前へ、あらゆる方向へと。われわれは果てしない無の中を彷徨っているのではないか。空虚な空間がわれわれに吐息を吹き掛けているのではないか。いよいよ寒くなってしまったのではないか。夜が来てますます闇が深まっていくのではないか。白昼にカンテラを点さなければならないのか。……」(Fr. Wiss. III 125, WW II 126 f.)。——われわれはここでニーチェの解釈をしようとしているわけではない。そうではなくて、ただ彼の言うヤーの位置付けを試みているのである。彼はその熱望する「地中海的なもの」の「真昼の思想」をもっているわけではない。それをもっていると信じ、それを諦念としての希望——なぜならそれは充実を得るための自己欺瞞、「現在の豊饒」の「断念」だからだが——に対置するカミュは自分を「相応しくないとはいえ頑なまでにギリシアに忠実な息子たち」の一人だと誤解している(『文学エッセイ』特に「ティパサへの帰郷」独訳 Hambg. o. J.; L'homme révolté, 独訳 Hambg. 1953, S. 283 ff.) 彼の「真昼」のバランスはヴェルギリウス(そのデウカリオンの話の解釈、『ゲオルギカ』I 60 ff.)の"foedera aeterna(永遠の絆)"に由来している。この話は自然を装いながらも、あらゆる変化への断念を通して苦労の末に勝ち取られるバランスの話である。ニーチェの「真昼」は変化を起こらなかったことにしようとして徒労に終わる。だが彼は同時に「空虚」な空間や広がりゆく「夜」を恩寵の空間や「明るい夜」にする吸引に対して身を守っている(これについては本書最終章のハイデッガー解釈とその引用を参照)。彼の「超人」とはハイデッガーが言うような恩恵を前にしての驚愕を克服することを意味している、ニーチェ自身到達することのなかったその恩恵の中に超越していく者などではなく、ニーチェ自身到達することのなかったその恩恵を前にしての驚愕を克服することを意味している。

(6) Jaspers, Descartes und die Philosophie, Bln. 1937, S. 18。それに私の学位論文、注74、Nr. 8 のデカルトについて論じた部分の解説参照。

(7) ヨナ書。ルター訳最終章の最後の節「右と左の区別も付かぬ人間が十二万人以上、それに数多の動物を擁した大都市ニネヴェを憐れと思うべきではないのか」。

(8) ある有名な学者 (Margret Boveri, Der Verrat im XX. Jahrhundert, Hambg. 1956 ff.) は「背信」と呼ばれるものすべてを無差別かつ網羅的に四巻の書に書き留めているが、彼女は自分が何について書いているのかを問うこともしていない。

(9) ヨナ書4──ヨナ書の最も重要な最終章は二度にわたって憤慨の「正当性」を問うている。4、4及び9。われわれがここにみるのは、憤慨とは憎しみと自己嫌悪に歪曲されることもあるような愛の現実化だということである（4、3及び8「というのも私は生きるよりもむしろ死んでいたかったからだ。」）。感情の解明はここでは、ギリシア的な徳─悪徳論を背景にしてではなく、旧約聖書の神学によって始めることができる。

(10) 例えば、Marx, Frühschriften, Stg. 1953, S. 90

(11) 「聖」と「俗」の分離は財産を守るのと同じ様に、動揺を表現することもできる。一度「聖的でないもの」を発見したために、秘跡を区分によって「救い」、それによって「宗教」を基礎付けねばならなくなるような「危機」に陥る「ナイーヴな汎秘跡主義者」(Buber, Deutung des Chassidismus, Bln. 1935, S. 79/80) の像は、「原始人」のみならず「宗教」をも歪めてしまう。ブーバーは正当にも自己欺瞞的な汎秘跡主義への「退行」に警告を発そうとしている。(彼はまた、ハシディズムの汎秘跡的実存はそのような退行ではないことを指摘している。) だがそのようなナイーヴな汎秘跡主義者はかつて一度たりとも存在したことはない。宗教が破壊の結果と誤解されているのである。脅威に晒された財産を守りながら宗教は根源と代理の弁証法の中に押しやられる。（言語について述べた第六章、第七章参照）秘跡は破壊の結果ではなく、破壊されていることに対する解答である。それは破壊されたものを和解させようという試みである。破壊されながら守られる財産はすでにして失われている）。秘跡的なのはあれにして守られる財産はすでにして失われている。

144

(12) 「形式」という概念はここでは歴史的ジャンルではなく、思想的連関や文学的圧縮の程度を示すものであるが、他の表現があったかもしれない。ここに選び出されたものはヨーロッパ的啓蒙のある特定の状況を示すためのものである。アフォリズム、エッセイ、体系は、ここでは例えばベーコンが使ったのと同じ意味で使われている。(ベーコンはもっぱら体系を得ようと求めたが得られず、他の同時代人と同じ様にエッセイを書き、その決定的な思想を——Novum Organumの第一部の文章構造参照——アフォリズムで表現したのであった。) 大要と格言はベーコンの時代には、その恣意的であったり全体的であったりする性格のために、すでに外典的なものとしてあった。

やこれやの領域ではなく、たとえそうしたものを通してのみ見えるものになるのだとしても、あらゆる領域に通底するある一つの次元である。——ブーバーの秘跡概念の根拠となっているのは(彼のスピノザ解釈 l. c. S. 42 ff. 参照)、(神から人間へ、人間から神へ、人間から人間へ)「直接」に汝を言うという神学的汎秘跡主義と同じ様に危険な結果に陥る可能性がある。

(13) 'lapidar' は長持ちを意味する(石碑)。'lakonisch' な短かさは大口をたたかない優れたスパルタ人について理想化されたもので、その状況を越えるようなものではない。

(14) アフォリズムは思想の破片とか丸くて小さな形象のことではなく、理性の「道具」ないし「体現」である。文学のジャンルとしてのアフォリズムについては Fritz Schalk の Französische Moralisten (Slg. Dieterich, Wiesbdn. o. J.) の「序論」参照。私見では Schalk は余りにも閉鎖的で「それ自身で生きる文」(l. c. S. XIV) ではなく、自分と同等なものと自由に関連し、「賢者の言葉」のように自足的で「それ自身で生きる文」(l. c. S. XIV) ではなく、自分と同等なものと自由に関連し、強制されることなく認識を進めていくような文がアフォリズムなのである。ただしそれが可能なのは、そうした文が分離すると同時に結合し、いわばそのつど「新たに」理性を体現する場合だけである。こうした体現 (Novum Organum, lib. 1/11 参照) はけっして「孤立」している必要はない。仮に孤立したとしても、調和への信頼によって結び付けられているために、今日ほど虚栄に満ちた(つまり空しい)ものには見えない。

(15) プラトン対話編の秘儀入門的性格については、例えば Kerényi, Der große Daimon des Symposion, Albe Vigiliae

XIII, Amsterdam u. Lpz. 1942 参照。ここにはまた『メノン』の分析もある。——中でも『国家』St. 521C に出てくる神秘語 ψυχῆς περιαγωγή やよく引用される哲学者の πάθος としての θαυμάζειν についての箇所（『テアイテートス』St.155 C/D）。ここでは πάθος という概念（この概念はしばしば翻訳の中では過小評価されているが）はこれが他のどんな πάθος に対して際立っているのかを問うとき、初めて理解可能になる。（これに関しては例えば『饗宴』の中に出てくる多くの働きを変えられたディオニュソス崇拝の儀礼やディオニュソスの悲劇の中に出てくる πάθος の意味などを参照。）——こうした関連は、ソクラテスの啓蒙的役割ばかりを強調したり（この点に関しては今日では Popper, Der Zauber Platos, Die offene Gesellschaft und ihre Feinde I, dtsch. Bern 1957）また対話の相手について彼らの秘儀入門強制に対するプロテストを、問うことに対するプロテストと解釈していると、容易に見過ごされてしまう（これについては私の学位論文注の中のソクラテス論 S. 44 ff.）。この試論との関連で啓発的な例となるのは、プラトン対話編におけるソクラテス的方法に対する Prantl の嫌悪である（Geschichte der Logik im Abendlande I 1855, Lpz. 1927, S. 68）。Prantl は「答える側があの中国人形のようにただうなずいて「はい」と言うだけ」の箇所に感じられる「不快なもの」を「学問的な対話」の歪曲なのだと誤解しているが、にもかかわらず彼の嫌悪は、無知なる者を秘儀へと誘う「知者」の「優位」という決定的な点をついている。

(16) この四百年に亘って出てきた三つの綱領的タイトルを時代を遡って並列することによって、ヨーロッパ啓蒙に共通する性格の一つが明らかになるかもしれない。その性格とは、古典古代にとっては疎遠だった未来を約束する新たなもの（因みに homo novus とは自分に生きる糧としての威力を提供してくれる祖先を持たない「新しい人間」のことである）の強調である。今日われわれは再びハイデッガーの中に「新たなもの」の軽視を見出す（Sein und Zeit の中の実存論的に理解されたダス・マンの「好奇心 Neugier」から後期の著作における「古いもの」及び「最も古いもの」への明確なパトス、例えば Aus der Erfahrung des Denkens, Pfullingen 1954, S. 19 に至るまで）。

(17) 例えばベーコン Nov. Org. I, Aph. 19 ff. さらに彼の三段論法及びその解釈に対する論争（この解釈はすでにペトルス・ラムスに見られる Aus der Erfahrung des Denkens, Pfullingen 1954, S. 19 Institutionum dialecticarum libri III, Parisiis 1549, I）

(18) ヘーゲル Philosophische Enzyklopädie f. d. Oberklasse (Nürnberger Schriften, Phil. Bibl. Lpz. 1938) §§ 72 ff. ── ヘーゲルは（§72）「定在する」個的なものが「自由な偶然性に属する限り」は帰納法の「内的必然性」を認めないが、その個的なものが「概念の普遍的な契機である」限り、つまり文字通り普遍的なものの「個別化」である限りにおいては帰納法の「真に統合的」な力を容認する（§73）。このテクストの中で言われている「真に統合的」な力であらゆる推論様式が「自らを貫いている」ところの「真の中間者」たる「普遍性」概念にとっては（§75）、その中であらゆる推論様式が「自らを貫いている」ところの「真の中間者」たる「普遍性」概念において初めて体現される (l. c. S. 252/3)。── だがここでわれわれにとっての関心は論理学の問題でもなければ「概念の中の」中間者たるすべてを内に包む「真の中間者」というヘーゲル的問題でもない。われわれにとって問題なのは次のような宗教学上の問いである。すなわちその中で演繹的、帰納的、類推的な手続きが「論理的に筋の通った」ものとなるような信憑は、いったいそのつどどのような様相を呈するのかという問いである。われわれがここでこの問いを立てるのは、論理的な原理（「帰納法」のそれ）が明らかに推論の力を欠いているにもかかわらず、近代世界の初頭において情熱的に布告されたからである。この問いに手短に答えておけば以下のように言うことができる（ここでは本書のテーマではないので立ち入っては論ずることはできないが）。まず演繹法の推論力は起源の神的な威力への信仰を前提にしているということである。また帰納法の推論力は演繹的強制の打倒と、どんな「個的なもの」にも体現されている理性的調和への信仰を前提にしている。類推法の推論力は、それを前にすると具体的現実が自ら空虚になってしまうような「遊戯的」ないし「円環的」一者への信仰を前提にしているのである。

(19) 神統系譜、系譜学的思考それに演繹法の関連はヘシオドスの『神統記』を出発点とした著者自身の長年のテーマでもある。著者はこれを別に一つの著作として発表する意図を持っているが、ここではただその連関を指摘するに止める。── 宗教学的に重要な意味を持つものとしては Paula Philippson: Untersuchungen über den griechischen Mythos の中の Genealogie als mythische Form (Studien zur Theogonie des Hesiod), Zürich 1944. Philippson は存在と生成の和解を見てはいるが、強制（強迫）を見てはいない。── 演繹体系との結合はキリスト教中世の概念ピラミッドのイメージによって損なわれてしまった。これが示唆しているのは無機的硬直のイメージである（例えば Leisegang, Denkfor-

(20) Porphyrios, Isagoge, 2. Kap. (2b I).

(21) その一例。演繹法を人々の安心のために使うと、人間の非人間的振る舞いが分離抽出され、しかもそれが人間的振る舞いの特別種だという烙印を押されてしまうことがありうる。ある者を非難することは別の者の罪を軽減することになるが、極端な場合には犯人は genus humanum から除外されてしまう。――類推法が非人間性を過小評価するのは、極端な場合とは違って血を流すこともないちょっとした悪ふざけにおけるのと同じようにして、その非人間性を自然の生成と消滅（Stirb und Werde＝ゲーテ）の中に再認してしまうからである。帰納法において初めて非人間性はまともに捕えられる。それは非人間性を歪められた人間とみなすよう強いるのだが、ただしそれはゲーテによって明らかにされた人間についてのイメージが収容所の監視人を前にして皮肉なファサードとなったり、あるいはその監視人によって明らかにされた人間についてのイメージの方が、普遍法則を得るための何の取っかかりともならない病的な特殊例となったりしてしまわない限りにおいてである。

(22) 「デモーニシュなもの」という概念については本書第二章の注1の指摘と典拠を参照。

(23) ベーコンで最も知られているのはイドラ論と「人間の王国」の脱魔術化のパトスである (Nov. Org.)。ホッブズにおいて最も印象的なのは宗教的迷信に対する論駁と「盟約」の反復としての「契約」である（彼の全体系は六日間労働モデルに従っている）。ヘルダー（その言語概念）、カント（その歴史哲学）それにマルクスに対してはなんら個々の証明を必要としない。「これまでの哲学するマルクス主義者」に対してはベンヤミンとブロッホを指摘するだけで十分であろう。ジェームズに関しては「前者すなわち原理、『カテゴリー』、推測的必然性から目を逸らし、後者すなわち結果、帰結、事実に目を向けること」(Pragmatism, lect. II) を要求し、それがさらに「事実」概念と事実思考に対する批判を結び付けている点を指摘できる。プロテスタンティズム神学においてはパウル・ティリッヒが歴史の再評価と「神の王国」象徴の再評価を結び付けている。

(24) カントはその短い綱領的な文章 Beantwortung der Frage: ›Was ist Aufklärung?‹, Bln. 1784 の中で啓蒙の「十全な」

(25) Bacon, Nov. Org. 1, 6/7: "Insanum quiddam esset, et in se contrarium existimare ea, quae adhuc nunquam facta sunt, fieri posse, nisi per modos adhuc nunquam tentatos". しかしこれには "generationes mentis et manus" (Works of Francis Bacon Vol. VIII, Ldn. 1819) が属している。——どんな個々の体現の中にも必ず新たなものを見出そうとする帰納法のパトスを感動的に表現したのはむしろ「非哲学者」であった。例えばブレヒトが通俗的なベーコン批判に囚われて認めようとしなかったもの、すなわちベーコンの企ての裏にある幸福探求（安寧への期待）をはっきりと見て取っていたのはブレヒトである。けっしてたんに「自然」と「人間」だけを「完全に」統制するわけではないこと、それが彼の目標であった（Dialektik der Aufklärung, Amsterdam 1947, S. 14: »Nichts anderes gilt«）。その中（S. 15）で行われたように、「効果的なやり方」としての「オペレーション」を「真理」に対抗させることは不可能である。そこに続けて出てくるベーコンの引用の中の「より良い」とか「真の」といった概念自体がすでに支配の知という狭められた概念から引き出されるわけではない。それはちょうど「啓蒙」がただ「主人」であることを求めることや世界の「脱魔術化」ばかりから引き出されるわけではないのと同じである。あらゆる啓蒙に初めから内在している安寧のアスペクト（啓蒙とは啓蒙すなわちその疎外のうちに感知されうる自然以上のものである）、l. c. S. 54）はホルクハイマーとアドルノの炯眼な著作においては繰り返し、和解という「いかがわしく怠惰な」概念に対する不安に晒されている。つまりそれが体現されたとしても、それはすぐさまた禍いの方に向かっていかなければならないかに見えるのである。だが「情け容赦のない進歩の精神」の中にも（それはけっして「その目標に達して」初めてというわけではない l. c. S. 57）その精神を「反転」させようとする理論にとって盟約を結ばねばならない要因が含まれているのだ。（一見たんなる支配の知とも見える）歪曲的な占領支配の中にも失望した安寧期待が働いているし、占領支配は、自己放棄が服従なき統一を求めるのに劣らず、もはや支配を必要としない統一

を求めているのである。ベーコンの著作を読むと、「技術の世界」の始まりにおいても、容易に見過ごされがちな安寧のアスペクト（普遍的な安寧のアスペクト）があることに気付かされる。――驚くべきことに、ホルクハイマーとアドルノは啓蒙の安寧期待と旧約聖書予言書の中のそれとの密接な結び付きにほとんど目を向けず、後者の帰結をただ聖像崇拝禁止と家父長的強制のモメントにのみ限定している。その一例としては『創世記』『アルキロコス』『ソロン』といったまったく異なったテクストを一様に扱っている点であるが (l. c. S. 19)、ここでは「神の似姿」という表現は萎縮してしまっている。ベーコンにとってはそれはまだ「創造の仕事」を継続させ、「新たなもの」をもたらし、そうすることによって学問をその「真の目標」へと導くという要請であったのだが。

(26) Heidegger, Sein und Zeit, Tübingen 第六版 1949, S. 334.

補遺 オデュッセウスとK氏

(1) Od. IX. 408, übers. von J. H. Voß, Lpz. 1837

(2) キュクロープスの名前 Πολύφημος「多々褒めたたえられた」とその神的出自が示しているのは、ここではたんに太古の怪物が啓蒙された個人に対置されるということではなくて、ある神的領域が他の領域に対置されているということである。一つ目が想起させるのは、鼻と口の原始的な統一（こう述べているのはホルクハイマーとアドルノであるが ⟨Dialektik der Aufklärung, Amsterdam 1947, S. 81⟩、これについてはキュクロープスは「もともと動物」だとする v. Wilamowitz 参照）ではなくて、むしろ一つの種族（キュクロープスの目潰しは神話的原父の去勢を思わせる）であり、アルカイックな太陽の表徴である（これについては Ranke-Graves, The Greek Mythos, dtsch. 1960, 11, Nr. 170, 3. これについてはまた Cook, Zeus 参照。――キュクロープスが様々なテクストに登場することについては Kerényi, Mythologie der Griechen, Zürich 1951）。――ホルクハイマーとアドルノの啓蒙家オデュッセウスについての刺激的な補遺はこの英雄を近代的なものにしている。そこから身をほどこうとした「前世界」を背景にオデュッセウスは「市民の原歴史」の代表者となる (l. c. S. 76)。このことがとくに明確になるのは魔術、礼拝、供犠についての箇所である。――名声のモチ

150

(3) ーフについては Od. IX. 502-5、ホルクハイマーとアドルノは（l.c. S. 85 ff.）誰でもないことの中に「無形のものの模倣」（「あらゆる文明に見られるような」自己否定を通した自己主張）を見てはいるかもしれないが、命名の中にはただ不安に発する「倨傲」の標しを見るだけで、名声を巡る（オデュッセウスとポリ＝フェモスとの間の）競合を見てはいない。

黄泉の国の通過については Ranke-Graves, l.c. Nr. 170 にある死者の島（アイアイア、オギュギア）、死の女神（キルケー、カリュプソ、セイレーン）、その他の場所（例えばテレピュロスの港、キュクロープスの洞窟）の死の象徴を参照。
――さらにシャーマンの冥界行きに重なるオデュッセウスの冥界行きを参照。

(4) 例えばセイレーンの冒険参照。ここでは「潜り抜け」「脱出」の様式化がとくにはっきりしている。花瓶の絵によくセイレーンの墜落死が見られるが、これをスフィンクスのそれと比較してみることができよう（その証明としては Karl Reinhardt, Von Werken und Formen, Godesberg 1948, S. 72 の全「オデュッセウスの冒険」の形態史的考察をあげておく）。――ホルクハイマーとアドルノはただこのオデュッセウス譚の一面、つまり自らを否定する個人の「潜り抜け」の方だけを見て（セイレーンの話、「啓蒙の概念」l.c. S. 46ff.及び補遺 S. 75f.）、もう一つの予定という補足に見られる運命る。この点はまたしても Reinhardt の研究において非常にはっきりしているが（例えば彼はアイオス譚に見られる運命的反復のモチーフを強調している）、ただしそれは英雄の運命という形態ではなくて「詩的超越」の表現のひとつとしてである（l.c. S. 153）.

(5) エネアスとオデュッセウスは対抗し合う者どうしと理解してよいが、両者は物語のギリシア的解釈とローマ的解釈の相違を明らかにしている。つまり片方は葛藤の中で獲得される目標、もう一方は古いものの再建というように。こうした理由から最近の体験をオデュッセウスの運命と同一視するのは疑問である（戦後文学お気に入りの言い回しとしては例えば Schadewaldt, Von Homers Welt und Werk 第三版 1959 の中の Die Heimkehr des Odysseus, S. 975 ff. 初版 1946）.

(6) 'Verschlagensein' と 'Verschlagenwerden' の等置：Horkheimer und Adorno, l.c. S. 81.――たとえ言葉上ではそうであっても、これがオデュッセウスの漂流から具体的に出てくるものではない（つまり抜け目のなさは「経験」から出て

151　原注／1

(7) 両者はオイガモンのKyprienとTelegonieの中に述べられている（出典及び帰郷の詩に関してはPreller, Griechische Mythologie, Bln. 1960, II S. 411ff., S. 464ff.を参照）。

くるわけではない）ということを教えてくれるのは、ここに引用された偽装の話、つまりオデュッセウスはその偽装によってトロヤ侵攻から逃れようとしたという話である。抜け目のなさは彼の「特性」であり、それが彼の運命を形作っているのであって、その逆ではない。特徴的なのはこの英雄の神話的系譜である。オデュッセウスは「本当は」シシュポスと、（ギリシア神話上の泥棒の名人）アウトリュコスの娘であると同時にヘルメスの孫でもあるアンティクレイアとの間にできた息子である。

(8) プロメテウスの犠牲詐術についてはKerényi, Prometheus, rde Hamb, 1959参照。またギリシアの犠牲観については同著者の Die antike Religion, Düsseld.-Köln 1952, S. 133 ff. を参照：――犠牲投入にとって決定的なのは、人間が神々を欺くことではなくて（周知のようにそれは失敗に終わる）、神々の前では人間が欺く者として空しく佇むということである。供犠の会食は神々と人間に共通な食事の記憶とその共通性の破壊の記憶の両方を保持している。犠牲は詐術ではなくそれのデモンストレーションである。それはまた同時に（共通性を呼び戻すことによって）受け入れられるか受け入れられないかという和解の試みのデモンストレーションでもある。――ホルクハイマーとアドルノはこの和解の性格、犠牲のもつ捧げの側面を一切認めない。彼らは犠牲と秘跡の弁証法を知らない。フロイトの後継者たる彼らの考えの中心は「犠牲の内向化」(l. c. S. 64 ff)にある。それに基づいて出てくるのが同一的自我、つまりなんとかして生きていくために、つねに受け取るよりも多くを与えるような、一連の断念の歴史である。断念する者はだれも自分への見返りより多くの歴史は犠牲の内向化の歴史である。言い換えれば、断念の歴史である。断念する者はだれも自分への見返りより多くを、また自分が守っている生より多くを与えるのである。このことは不正な社会との関連で進展していく。この社会の中ではだれもが多すぎ、だれもが騙されているのである」。にもかかわらずあらゆる犠牲は同時に「犠牲撤廃のための犠牲」つまり支配も断念も必要としない時代のための支配者のおおらかさをもった断念でもある (l. c. S. 71 f)。しかし（歴史哲学的思考の大いなる伝統において）災いの歴史を究極的に吹き飛ばす新たなものを指名するような人物が出ても

メシアはまだ現れなかったし、犠牲たちはみな和解に到達することなくただ期待においてその和解を分かち合っているにすぎない。ここにホルクハイマーとアドルノが言う犠牲の詐術的性格の神学的に最も深遠な根拠が見出される。——「体現の思考」と「脱体現化の思考」の対比に基づいた）犠牲と恩恵の問題については本書「逃げ道としての仏教」II, S. 125 f. および第四章 IV, S. 142 ff. 参照。

(9) ソフォクレスの *Ὀδυσσεὺς μαινόμενος* というタイトルはこの偽装的置換の暗い底を示している。Ranke-Graves (1. c. Nr. 160, 4, S. 278) はこのシーン（オデュッセウスがミュスタゴゴスの円錐形の帽子を被って一つに繋いだロバと雄牛を使って土地を耕し、パラメデスがテレマコスを自分の前の溝に入れるまで塩をその溝の中に投げ入れていくというシーン）を予言のシーンつまり最終決戦に至る無意味な戦争の予見的先取りと解釈している。例えこの解釈にあまり信憑性がないとしても、このプロセスがたんなるトリックではなくて、おそらく再生の秘儀という儀式的性格をもっていることを分からせてくれる（例えば *Περὶ τοῦ οἴκου* Nr. 30 の絵についての記述中のルキアノス）。このシーンについてはまた Kerényi の Heroen der Griechen, Zürich 1958, S. 352 の中の変装者と「微笑むカビロス」との類似性の指摘を参照。

(10) その予言としては Od. λ 134 θάνατος ἐξ ἁλός.

(11) 息子たちの二重の婚姻によるその母との同一化（これは比較的新しい伝承の中にも残る非常に古い契機であるが）はオデュッセウスの死を秘儀との関連に置く。Ranke-Graves の解釈（1. c. S. 365）——聖なる王の期限が切れた後にこの王を撲殺しなければならないその後継者がその「息子」と呼ばれる——はこの手の話の合理化としては確かに説得力があるが、しかしそれは女王を娶るのがなぜ「息子」でなければならないのかという問題を解決することにはならず、むしろそれを失鋭化している。——Ranke-Graves は聖なる女王の中に太母の肉化を、またオデュッセウスの二重的には首尾よくそれを果たす（求婚者殺害）王たちの一人を見ている。彼は英雄叙事詩のオデュッセウス像をこの手の伝説の英雄（ウリクセス［オデュッセウスのラテン語形］＝ユリシーズのテーマ）と漂流譚（オデュッセウスの話）の合体したものと見ている。だがこの息子たちがその母たちと二重に婚姻を結ぶことが秘儀のテ

(12) 名声の中の生き残りについては Hannah Arendt, Fragwürdige Traditionsbestände im politischen Denken der Gegenwart の中の「自然と歴史」、特に S. 58/59 並びに Wolfgang Schadewaldt, Vom Homers Welt und Werk, Stg. 1953 第三版 S. 79 ff. 参照。——秘儀崇拝については特に Karl Kerényi, Albae Vigiliae, Neue Folge III, Die Geburt der Helena samt humanistischen Schriften aus den Jahren 1943-45, Zürich 1945 の中の「カビロスの秘儀、古代秘儀研究入門」S. 42 ff. 参照。

(13) Brecht, Kalendergeschichten, Bln. 1949, Geschichten vom Herrn Keuner の中から「ソクラテス」「疎遠な住まいの中の K 氏」「K 氏の愛玩動物」「再会」。

(14) Brecht, Versuche 1-3, Bln. 1930 の Geschichten vom Herrn Keuner の中の「反暴力 [権力] の措置」。

(15) Brecht, Aus einem Lesebuch für Städtebewohner, Versuche 4-7, Bln. 1930 現行版 Gedichte I, Frf. a. M. 1960.

(16) Brecht, Mann ist Mann, Bln. 1927 現行版 Stücke 2, Bln. 1953.

(17) Brecht, Das Badener Lehrstück vom Einverständnis, Versuche 4-7, Bln. 1930 現行版 Stücke 3. Bln. 1955.

(18) Brecht, Der gute Mensch von Sezuan, Versuche 27-32, Bln. 1953 現行版 Stücke 8, Bln. 1957.

(19) 道化師のシーンは Badener Lehrstück vom Einverständnis の中の「人が人を助けるかの研究、その 3」。

(20) Brecht, Die Maßnahme, Versuche 11/12, Bln. 1931 現行版 Stücke 4, Bln. 1955.

(21) Brecht, Aufstieg und Fall der Stadt Mahagonny, Versuche 4-7, Bln. 1930 現行版 Stücke 3, Bln. 1955 の「マホガニーでの神の遊び」(S. 250ff.)。またそれについての注解 Walter Benjamin, Schriften II, Frf. a. M. 1955, S. 353 ff. 参照。

(22) Brecht, Das Badener Lehrstück vom Einverständnis, l. c. S. 300 ff.
(23) 例えば Hauspostille (Bln. 1925) の中の「溺れ死んだ少女」の歌参照。
(24) Brecht, Hauspostille.「手引き」に相応しくこのバラードの中では「ゴム人間が見えてくる」。
(25) Samuel Beckett, Molloy, Paris 1951, dtsch. Frf. a. M. 1954.「船体の中で」の「終り」(Nouvelles et Textes pour rien, dtsch. Texte und Zeichen Nr. 6, Bln. u. Neuwied 1956)。
(26) Brecht, An die Nachgeborenen (1938) in 100 Gedichte, Bln. 1952.
(27) Gide, Die Verliese des Vatikan (1914), dtsch. Hambg. 1955.

2　ノーを言う難しさ、あるいは喪失に脅かされる自己同一性

(1) もともと宗教哲学の研究としては、ここで論理学の命題を情動の概念を使いながらいわば「病＝理学的」な関連（分裂に対してプロテストするとか、分裂に抗して身を守る etc.）において解明するからといって、それを特別に正当化する必要はほとんどない。論理学の命題とは脱デーモン化された命題なのであり、われわれはこれを、それらがデーモン的脅威に対して解答を与えているところの状況の中に引き戻して解釈することができるのである。命題はだからそうした状況に巻き込まれながら同時にその脅威に関与してもいるのである。つまりこのような命題の脱デーモン化の働きを認めないですむには、すでに余すところなく脱デーモン化されてしまった世界への信憑（しかも非常に危険な信憑）が必要とされているのである。——デカルトの言う真理の充足基準たる claritas が失効し、理性を情動から自立させるという試みが失敗に終わった後に、それらのもつ深い意味が様々な形でしかも繰り返し発見されたのであった。例えばヘーゲルの論理学（そこではカテゴリーを情熱的受苦的に使うことによってそれが欲動をも貫くことを可能にしている）、シェリングの展相論、ニーチェの形而上学的思弁、またフロイトの研究、ティリッヒの神学、ブロッホの哲学といったように。心身統一（また思惟との統一）が破れているところでは意志、欲動、情動はデーモンとして恐れられる (Heidegger, Was ist

Metaphysik? 1943 の後書き参照。「『意志』とは存在者が存在者であるための基本特徴であり、現実的なものの現実性が一貫して無条件に、かつ思い通りに対象化できるという権限を得られるような仕方で、現実的なものと存在者とを同等化するものである。」Ausg. Frft. a. M. 1949, S. 39 また Sein und Zeit 以降の存在をあらしめる (Sein sein lassen) の「しめる Lassen」を宗教的な基本態度として強調する点)。旧約聖書の教え、神は意志であって(シェリングは後にペーメの神秘主義の伝統と普遍論争の唯名論的伝統を受け継ぐべく「原意志」を問題にしている)たんなるクセノパネスの言う νοῦς にあらず、は生きた存在の深みを言い当てたものであり、デーモン的欲動の出来事と脱デーモン化された本質世界への分裂(われわれの時代にあって最もグロテスクなのはシェラーの哲学である。ここでは最終的には「精神の活性化」と「衝迫の精神化」がこの溝を埋めるとされている)。つまりそれが「生成する神」だというわけである以前の現実をよく保存している。——これに対してフロイトのような思索家は人間のあらゆる些細な行為にわたって λόγος と φυχή が πάθη との関連を問い、それを深めている(これが Psychopathologie des Alltagslebens といったタイトルの意味であり、それは平均的人間対精神病者を説明するものではなく、生の日常的表層をも生の深層との繋がりにおいて見るような論理を目指しているのである)。フロイトのやり方の一例を挙げておけば、その論理的「否定」についての理論 (1925. Werke XIV, London 1948, S. 11-15) の中で、まずこの否定が治療分析において抑圧代理として認められ、次にこの抑圧代理が、抑圧されたものをにもかかわらず表明する可能性、乃至抑圧する可能性、というその代理固有の働きの中で説明され、そして最後にその可能性の脱デーモン化の意味が問われる。つまり「抑圧の結果からの第一級の自立、したがってまた快感原則の強迫からの自立」が思惟に「抑圧代理」が認めることになるのである。しこの自立は快感原則の創造」であって快感原則そのものからのものではない)を認めることになるのである。この点ではフロイトの弟子と言えるV・vヴァイツゼッカーについては第二章第二節2のフロイトの弟子ルネ・シュピッツの理論の実践的意味およびその理解については第二章第二節2のフロイトの弟子ルネ・シュピッツの観察を参照。同時にヴァイツゼッカーははっきりと(論理的カテゴリーは「欲動的情動的な力」から生ずるという)「ロゴファニー」論を立てている。(「エイドロギー」)、彼の言う「不可能性の定理」は情熱や感情のイメージの中に現れる「隠された論理的なもの」をも見ているし、「現実」を、ひとりでに自己「実

156

現」する「不可能なもの」として、論理的な「可能性」に対置させている (Pathosophie, Göttingen 1956, S. 178 ff.)。これは「可能性の不可侵性を見張り」、「大地の恵みを受入れ」、「存在の秘密を守る」というハイデッガーの要求 (Vorträge und Aufsätze, Pfullingen 1954, S. 98) に対する最も鋭い反論となっている。また「可能なものに目標としての不可能なもの」を強い、「大地」を無理やり「人工的なものの磨耗、消費、変様」へと追いやるのは「意志」なのであり、それはかの諸理論においてはまさに「実現するもの」なのであった。——ブロッホはその存在論の核心部において(Das Prinzip Hoffnung I, Bln. 1954, S. 332 ff.) 綱領的に次のように宣言している。「カテゴリー的な基本概念は唯一感情論を通してのみ接近可能である。というのも感情に欠けたというより感情なしに作られた思想ではなく、もっぱら感情のみが存在的な根の中に深く到達できるがゆえに、「非」(ブロッホにおいてはこれはあらゆる運動の根源であり、「空虚と同時にそこから迸り出る欲動」である)とか「無」(つまり挫折した運動)、「全」(つまり成功した運動)といったそれ自体抽象的に見える諸概念は、その区別ともども空腹、絶望(無化)、確信(救済)といったものと同義になるのである。」——ティリッヒは (ブロッホの「希望」の原理と同じように)「存在への勇気」(The courage to be, Yale 1952) を、このような思想を基盤にしてしか理解できないような一つのシンボルにしたのであった。彼において対立概念をなすのは存在と非存在だけではなくて、成功した体現とデモーニッシュに歪められた体現である。ここで言う脱デーモン化とはデーモンの凌駕するような抑圧のことではなくて、歪曲に対する戦いのことである。——本書の中でさまざまに解釈されるであろう「デモーニッシュなもの」という概念についてはこの箇所と Tillich, Das Dämonische; ein Beitrag zur Sinndeutung der Geschichte, Tübingen 1926 を参照。そこでデモーニッシュなものという概念が再発見されているのだが、この概念は多分デモーニッシュなものが持っている遊離(隔離)の魔力 Dämonie を知ってはいるだろうが (これが後にブロッホによって「まだ=ない」と呼ばれるのだが、その力は一つの生きた存在基盤から分離しているわけではない。つまり「魔力とは事物の中にある創造的な基盤が形に反しようとする試みはいずれも失敗に終り、個々の現象(ティリッヒが研究の対象としているのは彼の時代の個々の現象である。ともに一九三三年にベルリンで出版さて立ち現れることであり」、デモーニッシュなものをただ分析だけしようとする試みはいずれも失敗に終り、個々

(2) Die religiöse Lage der Gegenwart と Die sozialistische Entscheidung 参照）をこの深みにまでもたらすことはない。著者のみる限りティリッヒの好著はこのテーマに取り組んだものとして今日の神学にとって最も重要なものと思われる。(Erwin Reisner の好著 Der Dämon und sein Bild, Bln. 1947 はその「デーモンの現実」についての核心部をなす章においてデーモニッシュなもののロマン主義的で起源神秘主義的なイメージにとらわれている。彼は怪物、魔女、幽霊、ドッペルゲンガー・コンプレックスといった「客観的に」デーモニッシュなものを一連の下降段階の中に再構成しているが、その配置には同時にデーモン化の一連の上昇段階が対応する。つまり今日やっと「神からの墜落の過程がその最終の成熟段階に」達したというのである。デーモニッシュなものという概念は神秘化やデーモン化のためにあるのではなくて、魔力を認識し、それと戦うことを手助けするためのものである。それは同時に魔力として認識され恐れられるもののデーモニッシュな断念、すなわち今日の最も恐ろしい魔力から身を守るものでもある。——この注のコメントと引用は同一性に関する章および本章最後の注にあるハイデッガーからの引用参照。

8) それに続く各章を方法論的な誤解から守ってくれるはずである。

(3) 「起源神話」および「起源神話的威力」の概念、「不撓」神話の打破およびその「破壊」の危険性については Tillich, Die sozialistische Entscheidung, Abdr. Offenbach a. M. 1948 現行版 Ges. Werke II, Stg. 1962 参照。

(4) ブレヒトからの引用。補遺「オデュッセウスとK氏」の当該箇所参照。

(4) 同一性と中立無関心の問題については Hegel, Wissenschaft der Logik, Anmerkungen zu I, 1, これへの反論としては Heidegger, Identität und Differenz, Pfullingen 第二版 1957（ここに引用されている言葉）、さらに Broch, Philosophische Grundfragen I: Zur Ontologie des Noch-Nicht Seins, Frf. a. M. 1961, S. 63 ff.「ニヒリズムと同一性についての考察」の中の同一性命題の説明を参照。

(5) Camus, L'homme révolté, dtsch. Hambg. 1953, S. 197.

(6) この三つのケースに関してはイプセンの作品（『ブラント』）に出てくる自分と家族を破壊するような「オール・オア・ナッシング」を言うブラント牧師を参照。この破壊の危険性はあらゆるユートピアに見られるものである。さらにこの

(7) この弁証法は私の師である Paul Hofmann によって繰り返し強調されたものである（例えば Allgemeinwissenschaft und Geisteswissenschaft; eine methodologische Untersuchung, Charlottenburg, 1925 および Metaphysik oder verstehende Sinn-Wissenschaft, Gedanken zur Neugründung der Philosophie im Hinblick auf Heideggers ›Sein und Zeit‹, Bln. 1929 参照）。しかしながら Hofmann はアートマンとブラフマンの同一性に対して歴史のもつ「振り子運動」への望みを対置するだけに止まらねばならなかった。

(8) これについては多くの例を挙げることができるが、その一つとして Rosenstock-Huessy の言語哲学に見られる「われわれ」を言うパトスを挙げておくことができる（例えば Soziologie I, Stg. 1956, S. 160）。この中には変貌した世界にあってなお二十年代のまだ打ち破られていない希望が生き残っている。私がここで Rosenstock に言及したのは、「話すことの相互性」、「遊びの言葉」と「真面目な」言葉との関係、「時間と空間」の一つとしての「活用変化」についての彼の考察、それにそれらの考察の宗教史への適用 (Soziologie II, Stg. 1958) に注目したいがためである。

(9) Hegel, Phänomenologie des Geistes, 第五版 Phil. Bibl. Lpz. 1949, S. 192 ff.

(10) Sartre, L'être et le néant, dtsch. Hambg. 1952, S. 192 ff.

(11) Hegel, l.c. S. 142, 107 ff, 144. ヘーゲルが「誰もが＝自己自身の＝ために［対自的に］」という在り方の致命的な結果に至るまでの「作用反作用の働き」を叙述できたのは、彼が結末での調和というもの（たとえそれが現象学の帰結の冥府的色合いをもった調和とはいえ）をつねに確信していたからである。これはリベラリズムの哲学的最終形態である。ブロッホによるヘーゲルの性格描写参照。それによればヘーゲルは始まりの非も終りの脅威的な無も知らず、ただその中間で「働いている」無を知っているにすぎない (Subjekt-Objekt, Bln. 1952, S. 143)。

(12) Sartre, La nausée, dtsch. Hambg. etc. 1949, S. 65 f.

(13) René A. Spitz, Die Entstehung der ersten Objektbeziehungen (direkte Beobachtungen an Säuglingen während des ersten Lebensjahres), urspr. franz. 1954, dtsch. Stg. 1960（これには非常に重要な文献目録が付されている）および Nein und Ja (Die Ursprünge der menschlichen Kommunikation), urspr. engl. 1957, dtsch. Stg. o. J.——本書にとって重要な思考プロセスの記述は、これらの著作が内容豊かで意味あるものであるという印象を与えないかもしれないが、両書は精神分析理論の基礎付けとなるばかりか、これまでほとんど顧みられなかった社会学および民族学の研究（例えば Margaret Mead の研究観察）の基礎を説明するものでもある。

(14) これについては「お役所」「自然」「超自然」といった諸権力の反啓蒙的同盟を指摘しておく。カント (Streit der Fakultäten, 1798, II 8; 引用は Phil. Bibl. Lpz. 1905, S. 136) がお役所に対して身を守らねばならなかったのは、公共の「義務と権利」を「告知」したり「解釈」したりする者は、彼らの自由な考えがお役所にとって危険な人物として評判が悪く「不敬」となるがゆえであった。なぜならそういう人物は「啓蒙家の名の下に国家にとって危険な人物として評判が悪く「不敬」となるがゆえである。——ゲーレン (Vom Wesen der Erfahrung, in: Blätter für deutsche Philosophie X. 現行版は Anthropologische Forschung, Hambg. 1961, S. 37) が要求しているのは「育成された選択と回避の本能の（中略）現前、われわれの基本的な関心が向かうところにあるものに対する緊張を伴った用意、不本意なものおよび未決定なものからの訓練された目や感情の逸らし、つまり選択的な行為規範である。意識の中で認められるべきもの、すなわちそこで練り上げられるものはそうしたものによる制御を受けていなければならない。さもなくば人はインテリとか啓蒙家になってしまう。」——ハイデッガー (Was heißt denken? Tübingen 1954, S. 127) の説明によれば、「啓蒙は思惟の本質的由来を曇らせてしまう。」

(15) Helmut Heissenbüttel (Texte und Zeichen 16, Bln. – Neuwied 1957, S. 626 f.) は「水絵師」のことを書いている。水絵師はわれわれの生のさまざまな用具を使って水の上に影で絵を描く。「ある日」彼は「この影絵の一つを写真に撮ろう」と思い付く。「保存できる、伝承できる、見せられる、伝達できる、こうしたことは逆戻りであった。それは空しいことだったのだ」。——これに関しては後のヒュームについての注 S. 165 ff. を参照。

(16) Karl Bednarik, Der junge Arbeiter von heute – ein neuer Typ, Stg. 1953（戦後最初の印象深い著作である。もっ

(17) もそのロマン主義的な終り方、すなわち特に「垂直関係」における「人格形成」の再発見は、二冊目 An der Konsumfront, Stg. 1957 の結末の盛り上がりともどもあまり信用の置けるものではないが。
(18) Helmut Schelsky, Die skeptische Generation, landessprache, Frf. a. M. 1960, S. 125 u. 76.
(19) Hans Magnus Enzensberger, landessprache, Frf. a. M. 1960, S. 37 ff.
(20) この注ではわずかの示唆的コメントを与えることしかできない。第4項から7項はけっしてカテゴリー分析を要求しているわけではない。——アリストテレスに関してはその『形而上学』第七巻に見られる、質料を脱デモーン化することと、および実体の統一を主張することの困難を参照。——デカルトについて言えば、'res' は「物在」へと硬直した「用在」(物との泰然とした交渉による脱デモーン化された物象化障害の産物)なのではなくて、もはや、両義的で脅威をもたらす相手となることのない脱デモーン化された可能性である。——カントに関しては、「経験の類推」の中のカテゴリー表 (Kr. d. r. V. A 80) に即して言える。実体はたんに「諸現象のあらゆる変転の基体」(A 184) である。「基体の同一性」について は、「この堅固さは、にもかかわらず (現象の中にある) 事物の現存在を表象する、その様式以外の何ものでもない」(A 186) と言われている。引用はすべて Ausg. v. Schmidt, Phil. Bibl. Abdr. 1944 による。
(21) 「ポジティーフ」という概念は、かつて (例えばカルヴァンにおいては) 神によって「措定された」存在者の導き出しようのない測り知れない深淵 (シェリングの「ポジティーフ」な哲学という概念はまだ事物のこの測り知れない 'Daßheit' を目指している) を意味していて、けっして「たんに」存立するもの、その存立の中に登録するものではなかった。たんなる「ある Ist」「だけどそうなのだ aber es IST doch so」のデモーニッシュな強情の中にこの概念の深淵が歪められた形で保存されている。ヘーゲルの 'Eigensinn (頑固、強情)' という概念の使い方を参照 (「奴隷状態の中にもまだ立っている stehen (この場合は「ある、存立している bestehen」の意味) 自由が残っている」。Phänomenologie, 第五版 Phil. Bibl. 1949, S.150)。
(22) 「布置 Konstellation」という概念について。もともとこの言葉は「星座」を意味するものであるが、使い古された言

(23) い回しの中にもなお宿命のニュアンスが残っている。例えば見通しのきかない歴史の記述にも使われるし、論理学、音楽、叙情詩理論といった様々な領域の中で、「筋の通った」古いやり方の代りを務め、それによってそれらの領域の方法や実践を記述するのに役立っている。これについて注目すべき考察をしているのが Karl Korn (Sprache in der verwalteten Welt, Frf. a. M. 1958, S. 28 f. 及び S. 150 ff) である。彼によれば、今日の哲学言語の「不定詞狂い」は「行動の現れ」という意味をもっている。だが実際には「行動や経過」を表わす不定詞は「存在という性格をもった静止状態」に変様してしまう。行動は「観照され登録された」行動となり、諸概念は「経過の収まった星座のようなもの」となる。「行動と呼ばれるものはただ布置ないし布置の変化にすぎない。」

(24) Bacon, Novum Organum I, 3: "Scientia et potentia humana in idem coincidunt, quia ignoratio causae destituit effectum. Natura enim non nisi parendo vincitur: et quod in contemplatione instar causae est; id in operatione instar regulae est" (Works, Vol. VIII, Ldn. 1819) ―― 近代の因果性概念の中でどのような形で旧約聖書の啓蒙的思惟がギリシア的思弁の思想と対立拮抗しているのかを示すことは、哲学史の一つの課題である。

(25) カテゴリーを「有限性の形式」として研究したものとして Tillich, Systematic Theology I, Chicago 1951, Part II, Chapt. VIII.

(25) Kant, Kr. d. r. V., Transcendentale Ästhetik:〉Eindimensionalität〈§ 4, § 6;〉äußerlich〈§ 3.

(26) Hegel, Nürnberger Schriften, Phil. Bibl. Lpz. 1938;〉Pholos, Enzyklopädie für die Oberklasse〈§ 137 (また§§ 135, 136 はカントとの関係をはっきりさせている); S. 269.

(27) Heidegger, Sein und Zeit, S. 432.

(28) Kant, Streit der Fakultäten; II, 5: 「歴史の徴候」(signum rememorativum, demonstrativum, prognosticum) および Matth. 16, 3:〉σημεῖα τῶν καιρῶν〈. これの反対が σήματα‚ Parm. B 8, 2.「より良き方向への進歩」についてはカント同書の第二節全体の問い、つまり II, 6 のフランス革命と II, 8 の二つの 'respublicae' と「空想の産物」参照。

(29) Heidegger, Unterwegs zur Sprache, Pfullingen 1959, S. 209-15.

(30) ‛Gemächte’ という概念（この中にパルメニデスの感覚敵視が継承されており、στυγερός は断片12では交配と誕生の形容詞となっている）はハイデッガーにたびたび出てくる。初出はおそらく Vom Wesen der Wahrheit であろう。この「一九三〇年以降たびたび行われた」講演は一九四三年に出版され、一九四九年に復刻の第二版が出版されている。その二二頁にこう述べられている。「秘密（現存在の忘れられた秘密）は、忘却の中で、またその忘却のために自らを拒むことによって、歴史的人間をその通用性において Gemächte のそばに立たせることになる。そのように立たせられた『人間存在』はその世界をそのつど最も新しい欲求と意図で満たすようになるのである」。ほぼ同じ頃（一九四一年）バルト（Eine Schweizer Stimme, 1945）もロンドンの友人に宛てた手紙の中で戦後の「新秩序計画」を退けている。——著者［私］が本書の中で展開している背信概念（「神にも自分にも大都市ニネヴェにも背信しない」一三頁参照）は背信者探しにも反対する。これは何かを片付けるための概念ではなくて、自己批判的という意味で批判的な概念なのである。だが著者は少なくとも一度、あるそれなりに正当な憤慨（「愛の異義」といった宗教改革用語を伴った憤慨）を一つの例に即して明らかにしてみたかったのである。この例は同時になぜハイデッガーの用語（Gemächte）が「だが彼はこれによって自分にもわれわれにも背信する」という言い方と結び付いてしまったかを明らかにしてくれる。一九三六年から一九四六年にかけて書かれた「形而上学の克服」についての文書（Vorträge und Aufsätze, Pfullingen 1954）の中の III (S. 73) で、「すでに起こって」しまっている破局、「地球を荒野にし、人間にたんなる労働を強いる」破局のことが書かれている。「今世紀の世界史」は「もはやすでに野たれ死んでいるものの流出」を提供しているにすぎないとされる。またこの節の最後には（エルンスト・ユンガーとも共鳴する形で）次のように述べられている。「労働する動物は自らを引き裂き、取るに足らない無へと無化すべく [damit]、自分の Gemächte [作ったもの] のよろめきに身を任せてしまっている。」この文章の中の ‛damit’ という接続詞の使い方（もっともわれわれはこの文章の中で使われる概念のどの解釈に対しても距離を置くが）には背信という非難が向けられる。

補遺　産婆オイレンシュピーゲル

(1) この点についてのブレヒトの主要文献としては Kleines Organon für das Theater 初版 Potsdam 1949. ここではパトスとスタイルにおいて意識的にブレヒトの尊敬するフランシス・ベーコンが模範にされている。

(2) 他人にとって危険であると同時に自分に危険にさらしもする道化の役割は、宗教史的にはまだその背景が明らかになっていない。よく知られているのはコスモス的脅威や死者崇拝との関連である（例えば一年のうちの無形性に脅かされる危機的な時期における道化（馬鹿）の王様の役割、ローマ人の馬鹿騒ぎの祭りやクラウンの死の象徴、それに道化の宗教的不可侵性とその供犠機能）。——「逆さま世界」の絵も同じ象徴に属している（オイレンシュピーゲルの話の背景となっている中世末の例についてはE. R. Curtius, Europäische Literatur und lateinische Mittelalter, Bern 1948, § 7 の「トピーク」の章）。

(3) アリストパネスは（『雲』の中で）籠に入ったソクラテスを舞台の上に吊し、ソクラテスをいかがわしい哲学秘儀の司祭にみたて、最後にはその思想学校が焼け落ちるように演出している。

(4) キルケゴールの修士論文 Über den Begriff der Ironie mit ständiger Rücksicht auf Sokrates および Abschließende Unwissenschaftliche Nachschrift 参照（ここではイロニーとは倫理学者を、ユーモアとは宗教的な人間をそれぞれ寓意させたものである）。決定的な意味をもつ規定は修士論文の第二部に見られる。その中でイロニーに定義が与えられているのだが、それによるとイロニーとは、人間が「自由だと感ずる」という「主観性の第一の最も抽象的な規定」であり、それには「浮遊」の危険性とその中にある「無化への熱狂」が伴うという。冷笑家は「新しいもの」を予感はする。冷笑家は「新しいもの」を持ち合わせてはいない。キルケゴールが彼の時代の歴史的運動としてのイロニーを理解するようになったのはソクラテスとキリストの対比を背景にしてのことである（テーゼ1を参照）。これに対応する形でキルケゴールは冷笑家と予言者の両方と対決しているのである（Begriff der Ironie, Schaeder による独訳 München u. Bln. 1929, S. 211–21）。

(5) ディオゲネスについてはディオゲネス・ラエルティウス VI 2 の描写参照。——Ed. Schwarz〈〉Diogenes der Hund

(6) und Krates der Kyniker〉 in: Charakterköpfe aus der antiken Literatur II, 第二版 Lpz. 1911）は個人主義者、俗物脅しとしてのディオゲネスを非常に刺激的に描いている。だがディオゲネスの裏面および冷笑家の面（「見付けなかった」）の方はわずかにしか出てこない。

(7) オイレンシュピーゲルの描出的表現については Konrad F. Bauer: Ulenspiegel, achtundsechzig seiner Geschichten nach den ältesten Drucken des Volksbuches, Hambg. 1948. この戦後に出版された版は素材のもつ危険性をよく保っている。伝承の話やこの素材の文学的利用については Bauer の短くて気の利いた後書きを指摘しておく。

(8) Günther Anders: Sein ohne Zeit（ベケット『ゴドーを待ちながら』の解釈）in: Die Antiquiertheit des Menschen, München 1956, S. 215 ff. ――アンデルスは人間一般についての悲しい寓話を無意味な人間についての寓話と解釈している。彼がクラウンを称えるのは、その悲しみが人間一般の悲しい運命を映し出すことによって、すべての人間の心を連帯させるからである。アンデルスは「笑劇」の中に「人間愛の避難場所」を、また「悲哀にくれる人々の共犯性」の中に「究極の慰め」を見ている。彼の綱領めいた結論は次のように言う。「最後の言葉を持つことを許されているのは、形而上学者ではなくて、モラリストさえ見ようとしない。博愛主義者である。」

Sternberger (Figuren der Fabel, Bln. u. Frf. a.M. 1950) はオイレンシュピーゲルの話からあるゆる危険性を取り除いている。彼は道化の中にアウトサイダーのみを見て、モラリストさえ見ようとしない。一九世紀の叙述家（Pandorama）はこのオイレンシュピーゲルの話（おそらく当り障りのないように脚色されたもの）を諦念の寓話にしている。

3 ノーを言う難しさ、あるいは言語喪失の言語

(1) Hume, Treatise on human nature, dtsch. von Th. Lipps, 第二版 1912, Bd. 1, Teil 4, 6. Abschn.「人格の同一性について」。――われわれは「中断」を取り除くために同一性（持続的存在、不変性、連続性、Abschn. 2 参照）を「捏造」する。われわれは「変化を隠そうとして一つの魂、一つの自我、一つの実体といった概念に誘われる。」(l. c. S. 329)――訳者のリップスは以下のような有名なヒューム批判をしている (S. 327)。ヒュームは例えば 'bundle or collection'

といった表現に見られるように、密かに同一性（および因果性）を前提として持ち込んでいる（「ヒュームは束とか集合というものもたんなる量的多数より以上のものであるということ、またそれが束ねるものや集めるものを内に含んでいるということを見過ごしている」と。だがリップスは、ヒュームがここで（第一部に付された補遺参照）論理的な「残余」を口に出しても癒されることのありえない自己意識の動揺に気付いていたことに注意を払ってはいない。（上記の翻訳が出版された頃にはヒュームに由来する心理学派の Richard Wahle が人を愕然とさせるような説を唱えていた（Über den Mechanismus des geistigen Lebens, Wien u. Lpz. 1906）。すなわち自らの全連想系列において「救済を渇望している」人間、絶え間ない「不安」の下で不断に「損なわれる」連想系列を求める人間、このようなものはたんなる「幽霊現象」にすぎない。「はつらつとした意識においてはわれわれは死人も同様である。」というのである。著者の学位論文 S. 33-37, そこでの立証を参照）——ヒュームの警告的な確信は後の有名な Essays の中では放棄されてしまった。周知のようにこの確信を支える諦念的背景（Dialoge über natürliche Religion）はヒュームの存命中は公にされなかった。この中で著者ヒュームにとって最も信用のおける対話相手クリエンテスは（結論部参照）もはやそれ以前のように、完全な建築士から完全な機械を推し量り、前者が後者にあらゆる部分での調和的な働きを保証するというようには考えていない。むしろ逆に調和的に働く機械の方から建築者を推し量っている。こうした背景に立って初めて「中断」や「変化」の衝撃、およびそこから出てくるそれらを隠してしまう「同一性」への誘惑ということも理解できる。つまりそれは調和が疑わしくなったということを示しているのである。自殺を認めるこの同じ哲学者は、それをストア派的な立場から論議しているわけではない。彼が自殺を認めるのは、むしろ「われわれの死に対する自然な恐れ」が余りに大きくて「諸々の矮小な動機がその死と和解できなくなってしまう」という脆弱な慰めのためである（Über Selbstmord, übers. v. Paulsen, Lpz. 1877）。この脆弱な慰めはまさにより大きな慰めを引き寄せようとしているかに見える。——私がこのことを指摘するのは、カントの企て（その中核に当たる『純粋理性批判』の両版に見られる超越論的演繹を参照）がたんに理論的なダム建設の仕事に止まるものではなかったということがためである。諸々の強迫（互いに苦労して調和し合おうとするさまざまな総合の働き）を通してあがなわれたこの企ては、それでも理性によって

統一された一つの世界、理性的言語によって表現可能な世界を与える。成長する理性の王国へと前進していくことの保証（これがカントの明るい啓蒙の面である。本書六七頁以下の空間と時間の分析についての指摘を参照）にはその暗黒面、すなわち理性的に話すこと（カテゴリー）の領域にのみ妥当する同一性の強迫性格への洞察が対応している。この区分けがなされた瞬間から思考の二つの方向が互いに争い合う。すなわち一つは「より深遠な」非－言語的同一性（この同一性は理性の成長を望む代わりに成長の理性ないしより深遠で不屈の感情を頼りにするのだが）のために言語の破壊を受け入れる方向であり、もう一つはまったくの空虚になってしまうまで理性的話のもっている争いようのない同一性に依拠する方向である。カント以降の偉大な哲学はいずれも、この断絶を架橋するだけでなくて、それを和解させることの切実さに即して自らを量っている。はっきりしているのは、カント以降のあらゆる哲学は、口が利けなくなることに脅える言語の可能性の哲学であり、それは言語の問題を立ててそれに答えることをしない文学（これはけっしてヘルダーリンだけに特有なことではない）を背景にした言語喪失の中の競争であるということだ。——だがここに顕在化している問題は人間の歴史と同じくらい古く、すなわち言語喪失に対する解答もその問いをたえず表現し直している。そしてその問いを唯一つの問い（たとえそれが非常に「古い」または「最古の」ものだと称されようとも）に埋もれさせてしまわないこと、これが本書の目標の一つである。

(2) Kr. d. r. V., transzendentale Deduktion, B. 131/2.

(3) ライプニッツについては Die Vernunftprinzipien der Natur und der Gnade, Nr. 14. およびモナド論の思考過程を参照。

(4) クザーヌスについては Volkmann-Schluck (Nicolaus Cusanus, Frf. a. M. 1957, 11 3-5, III 1) の説明の中の 'mens' のキリスト論的役割（そこに付された典拠）参照。

(5) アプリオリ概念が保証する普遍的要求に固執すると同時にそのアプリオリ概念の宗教的質を解体するという歴史については宗教学者 Ruth Schlesinger の学位論文 Probleme eines religiösen Apriori, Bln. 1959 参照。これはオットー、シェーラー、トレルチュの立場に即して失望の道を克明に描き出した著作である。

(6) 「根源力」の概念については一九三三年に書かれ、一九三三年に発禁処分となったティリッヒの Die sozialistische Entscheidung を参照。この著作の題名の裏にはナチによる「権力奪取」直前の時代状況についての歴史神学的に基礎付けられた分析が秘められている。

(7) デカルトの 'clare et distincte' (Discours IV) に関連してはスピノザ『エチカ』第四部の定理五九における理性と感情の区別、並びにベーコンのオイディプス譚についての啓発的な解釈 'Sphinx, sive scientia' (De sapientia veterum Nr. 28) を参照。後者は謎を解いて凱旋するオイディプスをその後の運命から切り離し、それによってオイディプス・「コンプレクス」を解体している。

(8) これに対立するものとして最終章六-2のフロイトの立場を参照。

(9) 'phainomenon' と 'hermeneuein' はともに "Sein und Zeit" におけるハイデッガーの方法論的な基本概念である (S. 28-38)。ここでは「事柄（案件）」はその葛藤的性格を剥奪されてしまっている。「たんに見えしむること」を意味するロゴスの支配下にあって、現象学は「自らを示すものを、それが自ずから自身の側から見えしむるようにする」ことだとされる。ハイデッガーは確かに、この研究が「自らに抗した積極的な意味で批判的」なものであることを要求はしている。だがこの批判が意味するのはただ、それの「伝達」によって「退廃」をもたらす恐れのある「根源的に創造された」概念や命題がその「土着性」を喪失することから守られねばならないということにすぎない。"Sein und Kundgabe" に展開されている「告知 Kundgabe」の概念（およびその本来的言説という葛藤や緊張を免れた概念。因みに「伝達」は緊張も矛盾も対立もない「打ち明け Heraussage」だとされている。§ 34）から分かることは、後期の著作に出てくる言語の「聴従」性格および「独白」性格が「転回」の帰結ではなくて、一貫した展開だということである。レーヴィットの疑念とは裏腹に、ハイデッガーが初期の著作を参照することによって自分の思索の一貫性を強調するとき、それは確かに当たっているのである。

(10) 「言葉」の神学という問題（様々な意味をもった「神の言葉」、'creatio ex nihilo' は神と世界の関係を言い表す「古典的公式」である）に対しては Tillich, Syst. Theology I u. II 参照。ここでは本章に込められた目標（言語喪失の状態に

168

あってプロテストする可能性）にとって必要な限りのものが体系神学の諸問題から解明されうる。

(11) これに加えて本書一一七頁以下のハイデッガー解釈、その注の典拠参照。——「煩わされて」については Sein und Zeit, S. 299 参照。「覚悟」（つまり「本来的自己存在」S. 298）とは『『ひと』の喪失から自らを呼び出させることを意味する。『ひと』が覚悟していないということは支配のうちにとどまることだが、それは覚悟した実存を煩わさないことだけはできる。」

(12) IST［ある］は Diels-Kranz, Parm. frg. 2 u. 8. においては翻訳用語として固定している。ここで提起されている翻訳は誤解を招きやすいものだが（なぜなら 'IST' が ある ist ' のではなくて、'es' すなわちただちに命名されたのではなくて女神によって露わにされた εἶναι ないし ἐόν があるのだから）、それはまさにこの存在概念に対応した用法を映し出しているのである。——言い直しの用法について言っておくと（すべてハイデッガーのもの）、「言葉が話す Die Sprache spricht」は "Unterwegs zur Sprache" のキーワードであるが、これに対応する人間の話はたんなる「口真似 Nachsagen」であり「対応 Entsprechen［応じて話す］」である (S. 32 f., 265 f.)。「存在とは思惟のことである Das Sein heißt denken」は "Was heißt Denken?" の中で立てられた問いへの解答であるが、この場合 'heißt' は「命ずる」という意味を含んでいる。「思惟する人間ではなくて存在が主語なのだ。'Selbe' とか 'Es' (例えば 'Es gibt') なども後期の著作で優遇される神秘語になっている。この助けを借りてハイデッガーはパルメニデス断片 3「思惟と存在はすなわち同じである」）を訳すときに τὸ αὐτό を文の主語に変じさせ、ἐστίν を「与える、認める」の意味の他動詞的表現に変えることができたのである。 "Vorträge und Aufsätze" の中の「モイラ」(S. 249) 参照。パルメニデス解釈についてはさらに Einführung in die Metaphysik, TBg. 1953, IV 2 および Was heißt Denken? 2. Teil, そこ (1. Teil) ではまた [das] Selbe に関してこう言われている。「だがわれわれが自同なもの das Selbe についてそれに相応しい仕方で話をするのは、ただわれわれがその自同なものについて同じこと das Selbe を話し、しかもわれわれ自身 selbst がその自同なものから要求されている限りにおいてである。」これは［もはや］翻訳の要求するところとは反対の立場に立つものである。

(13) Joh. I, 1-18; 14, 1-14. これと反対のものとして例えば Heraklit frg. 50 参照。
(14) Gen. II, 1-9.
(15) Apg. 2.
(16) Walter Benjamin, Schriften, Bln. u. Frf. a. M. 1955, 特に Über die Sprache überhaupt und die Sprache der Menschen（「恐ろしく剥き出しになった若書きの作品」——アドルノ）II 401 ff. および彼のエッセイ Die Aufgabe des Übersetzens I 40 ff. と Über das mimetische Vermögen I 507 ff. これらはユダヤ神秘主義の伝統に立った試論である（これについてはショーレムの著作参照）。——創造の言葉はより密なものを絶え間なくより疎なるものに翻訳しながら、現実の全媒体を通して神に回帰していく。暗黒面としては「名前という純粋な言葉」から媒介的な「記号」の言葉への「転落」としての堕罪。この運動の垂直性は同時に翻訳概念の限界をも示している。「自然の言葉は、あらゆる部署が自分の言葉で次の部署へと渡していく秘密の暗号に比定できる。この暗号の内容はしかしその部署自身の言葉である。より高次の言葉はいずれもより低次の言葉の翻訳となり、それはこの言葉の運動の統一たる神の言葉が究極の明瞭性において開示されるまで続く。」(l. c. II S. 419)
(17) 2. Mos. 3, 13 f.
(18) 「言葉を失った世代」という概念はここでは Schelsky によって導入され貶められることになった「懐疑的な世代」という概念に対置されたものとして使われる。Schelsky は「懐疑的」という概念を承知の同義語に転換させるという離れ業をやってのけた。青年運動や政治青年に失望した者たちは、失望をもたらしうるあらゆるものに対して懐疑的になることによって自分を守る。懐疑的という概念は何ものをも自分に近付けない人間の油膜によって守られた泰然性のことを言い表し、かつそれを奨励するものである。この Schelsky の著作 (Die skeptische Generation, Düsseldorf-Köln 1957) に対する批判は本書では立ち入る余裕がないが、ただここでもう一度想起しておきたいのは、Schelsky が言語喪失を、彼がそれを見出すところでは、機能すること、最後にうまく当てはまること、言葉を欲しないことの表現として理解していることである。Schelsky の目論みは「近代社会における青年の社会的行為および立場を時代を超えて安

170

定化させること」(S. 125)にある。彼はこの安定化に寄与するものならどんなものにも共感を示しており、それは制度化された分裂病状態への教育にも向けられている(S. 124)。「懐疑的な世代」は「懐疑的」なわけではなく、「ただ工業化された社会をいたるところで強化している世代のドイツ的課題」(S. 493)にすぎないというわけだ。いかにして一人の名ある社会学者が（客観的に記述し、何も付け加えることなく、慎重にすべての判断を量りながら）諦めの境地に陥り、追随的に「その通り」などと言うようになるのかを見ると、愕然としてしまう。あるいは彼の言葉を使って言えば、「事実診断的自己反省」と結び付いた「リアル社会学の方法に基づく現状分析」ということになる。——少なくとも諦めにならない批判の一例としてハンブルクの教育学者H. H. Muchowが愛情を込めて書いた文庫本Sexualreife und Sozialstruktur der Jugend, Hamburg 1959を挙げておきたい。——「言葉を失った世代」という概念に関して言うと、この概念は文学においてもまだ言葉の最終段階の一体化の力を言い表すものである。"Menschheitsdämmerung" (1920)においては「叫び」や「無口」の中にもまだ言葉の最終段階の一体化の力が保持されていた。第一次大戦前に「深く口を利かないのだ『われわれ』は」と歌ったのはAugust Strammであった。今日ではIngeborg Bachmannが口を「私の」無言状態の窪み」(Gestundete Zeit 1953)と呼び、Ginsburgにおいては「叫び」から"Howl" (1956)が生まれ、Enzensbergerにあっては"landessprache" (1960)へと地方化された言葉の中に「口封じの絞殺」「フランクフルター・アルゲマイネの喘ぎ」「めそめそ」といったものが生まれている。「メッセージ」を運んで来るのは潜水夫である。そのメッセージはこう述べられている。「口を利かない貝は正しい。そして見事なロブスターのみが。正しいのは聡明なヒトである。」また（再びEnzensbergerから引用すれば）「居合せること"Kassiber" (Schnurre, 1956)には「硬直の時だ」とある。また（再びEnzensbergerから引用すれば）「居合せることanwesenheit」という詩には次のように言われている（この瞬間われわれに思い浮かぶのは、ハイデッガーの'Anwesenheit'が存在のために魔術を使って強引にAnwesenheitを手に入れようとする用語だったということである）。「私はかつての男だ。かつて私には誰の姿も見えなかった。いつかまた彼はやって来る。私は待ち侘びる。待ち望むのではない、ただ待ち侘びるのだ。聖体顕示台のような誰でもない者、それは風からできた船。根の下の誰でもない者、つまりここ。ある日各齋もなく。煙からできた牡蠣のように。」

(19) 「翻訳」の方法が旧約聖書の予言者的宗教の背景としていたるところに見出されるのは特筆に値する。その証人として以下の四人を挙げておく。Martin Buber (特にその予言者の役割の解釈と Rosenzweig とおこなった聖書の翻訳)、Eugen Rosenstock-Huessy (特にその Soziologie I/II、新版は Zurück in das Wagnis der Sprache, Bln. 1957. これはヘラクレイトスとパルメニデスの関係に決着を付けるものである) 、Walter Benjamin (前注16に挙げた文献)、Paul Tillich (そのキリスト論の中では「神の言葉」は「新たな存在」とされ、それは彼によって「相関関係」と名付けられた方法を――人間的に問うことおよび新たな問いに駆り立てる神の啓示から――不断に生を保ちながらの翻訳の方法にする)。

(20) 飛躍、閉じこもり、無言で無限に意味のある対象を使って魔法にかける、という本書に挙げられた三つの例について。
――「飛躍 Springen」はここでは特別の用語となっている。それは使われることによって定義を受けるような概念を採用するという、本書のあちこちで適用されているテクニックを明らかにしている (これはちょうどウィトゲンシュタインの「言語ゲーム」概念における真理に等しい。ウィトゲンシュタインにおいて非真理とはこのような概念がその使用の範囲を越えないことであり、証明とは「言語ゲーム」概念を通してもうまくいく疎通合意のことである。唯一ハイデッガーに比肩されうるほどの熱狂を文学青年たちに与えたウィトゲンシュタインは、それをハイデッガーと同じ根拠に基づいて行っている。例えば「静寂の音 Geläut」とか「それについての」沈黙といったもの [Tractatus 7] は同じである)。このようなテクニックを使って導入された概念 (帰納法) は、その概念が提供し、またその使用者が自分の拠り所にもできる抵抗という点において、その能力を証明する (この種の「抵抗」はフロイトの発見である。フロイトが述べているのは逆らうことではなく、治療状況の中での翻訳抵抗、すなわち対話相手のどちらか一方に属すのではなくて、その状況に属すような抵抗のことである。これは方法論的にもまだ完全に利用し尽くされていない概念である)。これらの概念はその使用によってたんに解明されるだけではなく、テストされもする。どこかではっきりと定義されていれば、その定義によってかろうじてそれらは保持されるのである。――飛躍について。本文二七頁の予備考察におけるの「よろめき」の体系化としての「飛躍」参照。さらに三四頁の、巻き添えにしない言葉によって巻き添えにする

ような言葉から身を守ることをも意味する形式に光を投げ掛ける「いつもただ出立するばかりの人」（オデュッセウス）。四一頁以下、ブレヒト『船上のバラード』の次から次への船の「乗り換え」と、もはやそれがうまくいかない状況。この思考モデルのやり方のデモンストレーション（本章二のいわゆる調書作成的思考プロセス）。最後に（後出一〇五頁）仏教的瞑想で対をなす執着しないこと。これらの列挙箇所は事例に基づいた形で著者の仕事の様式を明らかにしてくれるはずである。どの引用再録も（すべて名を挙げるわけではないが）その位置価をもっている。それらはその都度の概念およびそれと同族の諸概念から出て来る抵抗を固定することによって相互に解明し合うようになっている。——閉じこもり Sich-Blockieren について。これは島モデルによって記述されるわれわれの社会の無数の状況を示す一例にすぎない。どこもかしこも見晴らせる島では島民が中心部に移動するので、隔離［孤立］は初めから全体という仮象をもつことになる。だからこそそこから次のようなものが生まれる。すなわち島への憧れ、島へのユートピアの入植、人工島の建設つまり光の島と意識の島、エンツェンスベルガーの「宇宙空間の中の島」という概念。——無言です内装飾における島造り、遊泳する島への熱狂から人類を連帯させる「煙からできた牡蠣」、視覚および聴覚の島（例えば室べてを意味する対象について。これは「物 Ding」という瞑想的概念への熱狂のことである。そして哲学と叙情詩に属する祭式が、ある瞑想様式（これは不当にも装飾的と言われるが、それは飾りではなくて言語の代用なのだ）の中でわれわれの環境のきわめてけばけばしい現象の一つとなるずっと以前から、これは一つの祭式概念であった。仏教については補遺注1をも参照。

(21) 一つの帰結を改めて強調しておきたい。代理（およびそれについての嘆き）の中にある思考は技術世界の特徴ではなく、起源思考の特徴である。そのジレンマはすでに古代の祭式の中ではっきりしている。仮面を着けた者は祖先なのかそうでないのか。新たに作られた仮面はまだ古い仮面なのか否か（これについては Joachim Moebus の宗教学の学位論文 Ursprungsmythos und die zeremoniale Verfertigung von Masken, Bln. の中の説得的な記述を参照）。あるいはまた、聖なる言葉はいまだ歪められない根源的な言葉なのかどうか（これについてはあらゆる宗教に見られる聖なる書物の翻訳をめぐっての、あるいはそれに抗しての激しい抗争、それに教会用語の中にある、それを読み上げたり朗読した

りする者にさえ分からないような理解もされない表現や儀式上のテクストのフェティッシュ化を参照。こうしたことは聖書とその翻訳の歴史の歴史、トルコにおけるアラビア語コーランへの拘りあるいはそれを今日再導入しようという動き、そしてヴェーダの歴史などに見られることである。こうしたジレンマを逃れることは不可能である。ありありと見える破綻をして前にしながら、それを起源思考の中で何ごとも起こらなかったかのようにするのは不可能である。命取りとなる破綻をタブーが、破綻──つまり仮面の製作、生命を保っているテクストの朗読での言い間違いのような文面からの逸脱、儀礼のほんのわずかな変化──つまり仮面の製作、生命を保っているテクストの朗読での言い間違いのような文面からの逸脱、儀礼のほんのわずかな変化──といった破綻（これについては Ruth Benedict, Patterns of Culture, 1934 におけるズーニーの儀式についての記述参照）の見える「不確かな」領域を囲っているのである。それは本物の養子縁組や歴史的に現れを耐えられるものにする操作については、これを数え上げることなどできない。それは本物の養子縁組や歴史的に現在の出来事を即座に伝説化したり神秘化したりすることいったことから、不確かな人物や改革的な人物をシャーマンつまりに不確かな中間領域の「専門家」へと制度化してしまうことにまで及んでいる。裂け目を架橋するあらゆるものの無力を知ること、陶酔的な一体化と代理世界の中での孤独の間の行ったり来たり、これは深い不安の源泉である。同一化しない者を飲み込みによって脅し、かといって同一化する者を受け入れることもしない威力［権力］に同一化しなければならないということ、これは受入れを強制するようなやり方を一つの強迫システムにまで高めることがありうる。反対に（今日こうしたシステムがわれわれ自身の世界と触れ合うことから知られているように）こうしたシステムの破壊は解放などではなくて、無形性に晒された生を破壊することなのである。ここでの大きな課題を、かつて一度はそれが解「ミッション」という問題があるが、これは翻訳の問題であろう。すなわち硬直したシステムを、かつて一度はそれが解答を与えた葛藤の中へ差し戻して翻訳すること、そして新たな解答をかつての葛藤への解答として教会内外での「ミッション」という問題があるが、これは翻訳の問題であろう。すなわち硬直したシステムを、かつて一度はそれが解が問題なのである。──この点に関連して Rosenstock-Huessy の壮大な神学的に基礎付けられた "Soziologie" 第二巻の中の「同時にすること」についての考えを参照。ここではキルケゴールの壮大な神学的に基礎付けられた「キリスト教徒はいかにして自らをキリストに同時化できるのか」という問題が先の帰結にまでもたらされている。すなわちキリストの普遍的な働きは（部分的には一族の祖先の働きとか古代「王国」における日月星辰の神々や女王神にもみられるように）（社会の中の諸世代およ

174

びさまざまな社会相互のうちにある）「同時ではないもの」を「同時」化することに役立つことにあるという。――このような簡潔な宗教史的指摘は、かつての困難を新たな状況の中で再認識させることに役立つであろう。起源と退化（先のハイデッガーからの引用箇所 Sein und Zeit, S. 234 参照）、現実世界と代理世界の弁証法が思惟を支配しているところではどこでも、知ないし無知の哲学はいかなる出口をも提供することはできない。それは同じ弁証法に拝跪してしまう。知者が真か本物かあるいは根源的な存在をもつのに対して、無知なる者はその代理物をもつことになるからである。こうしたジレンマから生じうる問いは翻訳ないし翻訳代理の問いである。しかし翻訳代理もまた失敗した翻訳である。これこそ忠誠と背信の弁証法の中心をなす学問的理論的な問題にほかならない。

(22) Walther Braune, Der islamische Orient zwischen Vergangenheit und Zukunft / Eine geschichtstheologische Analyse seiner Stellung in der Weltsituation, Bern 1960 参照。特にその S. 184 ff. には、われわれを見ている別の社会がわれわれ自身の鏡像だとして差し出している諸状態のことが述べられている。「中立無関心」は本書の中心テーマの一つである。

補遺 逃げ道としての仏教

(1) 仏教の摂取については、それに関する最後の偉大な著作で、Joseph Campbell によって編集された Heinrich Zimmer の遺稿 Philosophie und Religion Indiens, dtsch. Ausg. Zuerich 1961. これは今日よく見られる仏教的誘惑を典型的な形で示すものである。例えば極東特に禅仏教のテクストやそれらについての当地の著者たちによる説明（その先頭にいるのが鈴木大拙である）が文庫本として驚くほど多く出版されたこと。俳句の叙情詩への影響や瞑想法のヨーロッパ芸術特に絵画、映画、建築なかでも内装への影響。――この（一八世紀の中国シリーズと日本シリーズ、一九世紀のショーペンハウアーやフェヒナーによる死の準備、今世紀二〇年代のアートマン探求に次ぐ）第四次「極東」影響の波はまだ続いている。これは禅の瞑想性格（本章第七節の、巻き添えにする言葉に代わって無言ですべてを語る対象を参照）をもっているが、それはその生れ故郷においてもしばしば多忙な人々のための埋め合わせに使われていた。――この波の

震度を計るような翻訳がハイデッガーの後期の著作である（例えば彼の概念"泰然[放下] Gelassenheit"の回避的働き、また"Unterwegs zur Sprache"の中に繊細微妙に描き出されたある日本人との対話にみられる、彼自身の「思惟の道」をも振り返らせるような解釈参照）。——私の知る限りではこの「波」の解明を扱ったものとして Ingeborg Y. Wendt, Zen Japan und der Westen と Klaus Th. Guenther, Protest der Jungen（ともに München 1961）の二冊の文庫本がある。Guenther は「ビート・ジェネレーション」（その発祥の地ではよく論議された問題である）への禅の強い影響を指摘し、その熱狂（例えば竜安寺の石庭やわずかの石を配置した荒地への熱狂）の原因を形作られた空虚の中に見ている。これに対して Wendt の方は楽観的である。彼女は日本の異質性を強調しておいて読者を実存的慰めによって解放する。禅はわれわれに自分の「弱みに耐えること」を教え、「われわれを思惟から存在の程度の中へと投げ入れる」という。

(2) 「完全に空にし、けっして執着しないサマディ」（瞑想訓練のための表現で同時に沈潜の程度の標識）という目標を伴った真剣な瞑想にとっての無限の困難という問題に関して重要な例を一つだけ挙げておく。A. M. Pozdnejev, Dhyana und Samadhi im mongolischen Lamaismus (dtsch. Ausg. von Unkrig, Hannov. 1927, in: Untersuchungen zur Geschichte des Buddhismus und verwandter Gebiete XXIII) ——この著者の情報提供者は一一六段のサマディ階段を挙げ、その各段がそのつど十数のサマディをもち、それが多くの瞑想者生活のための訓練になるという。例えば完全な「純真」に達した瞑想者は初めて無限の空という最終的な段階を迎える。そしてこれが瞑想者自身の観念（空間）として立ち現れるや、初めてその向こうに境界もなく内容もない知の段階が現れ、さらに瞑想者がその知の存在性格（時間）を見通すや、すべてのイリュージョンを退ける非存在の段階となる。そして熱情と曇化はこの非存在にもへばりついているので、その向こうに思惟と非思惟、否定と非否定等々の否定が出てくる。ここで印象深いのは、著者の瞑想を通して生を飲み込んでしまうデモーニッシュな自己破壊の叙述である。

(3) 大地を星におおわれた天の模写とし、それを天と同じくらい固く死後硬直した王国にしてしまう天と地の厳かで儀式的な統一としての瞑想という問題に関しては、Rosenstock-Huessy の「王国」の社会学についての刺激的な考察 (Soziologie II, Stg. 1958: Die Vollzahl der Zeiten 特に S. 390 ff.) を参照。

4 ノーを言う難しさ、あるいは自己破壊の運動と抵抗

(1)「単純な生活」という概念(第二次大戦の始まった年に出て良く読まれた本の題名)はそのプロテストの性格をかなぐり失ってしまった。この象徴の両義性(この象徴は引き裂きに対して身を守ると同時にその引き裂きをもたらす葛藤を否認している)は宗教史の大テーマの一つである。ここでは比較的最近のドイツ哲学において言われる「単純なもの」を指摘するにとどめる。フォイエルバッハにあってはその根元のところにすでにありとあらゆる添え物がなされている。両義的な自然力の崇拝とはその両義性からの救済者であり、単純なもののもつ誠実直の主張であり、しかも「悪臭を放つ町の空気の有害な影響」の例たる「思弁的哲学」に対する嫌疑である(一八三九年の C. Riedel 宛て書簡 Werke II, Stg. 第二版 1959, S. 393)。にもかかわらずこの概念はまだ「リアル」で「感性的」な諸関係の中にある現実の発展に対してプロテストをしている。この概念の今日の位置については、ハイデッガーが一九二九年に研究と教育の「職能」と「統率」について書いた後、「学問的実存」の内にある「現存在の焚き付けるような単純さと失鋭さ」を告知しておきながら(フライブルク大学教授就任講義 Was ist Metaphysik? Bonn 1929, S. 9)、戦後になっては「自同の中への諦念」、つまり二度の大戦での死者たちは「時代の犠牲となり」、「単純なものがより単純になってしまった」と説いたこと(Der Feldweg, Frf. a. M. und Butzbach 1953)を参照。

(2) ブレヒトからの引用。補遺「オデュッセウスとK氏」第二節参照。

(3) Herbert Marcuse (Eros und Civilisation, Boston 1955, dtsch. Stg. 1957 Eros und Kultur) はオルフェウスとナルキッソスの中に解放の「原像」を見ている。両者は文明が課する分離の痛みに耐えることへの「大いなる拒否」を体現し

(4) 鈴木大拙 Der westliche und der östliche Weg (World Perspectives V, dtsch. von L. u. W. Hilsbecher, Anhang S. 121 ff.「磔刑と悟り」)この本 (原題は Mysticism: Christian and Buddhist) は特にマイスター・エックハルト ("Feldweg" におけるハイデッガーの「かつての読む達人、生きる達人」) と禅を比較している点で啓発的である。

(4) ている。「文化的英雄プロメテウスによって象徴される世界」にあっては「それはあらゆる秩序の否定である」。しかし同時にそれは「新たな」、強制から解放された秩序の「予感」でもある。例えばオルフェウスにおける「歌」や「遊び」、ナルキッソスにおける「美」や「瞑想」。マルクーゼの著作の非常に美しく明るいアスペクトはナルシズムの暗い面を説明することはしない。つまりその中に隠されたサディズムとマゾヒズムの要素、自らの抵抗の探求ないし強迫強制のみならず限り無きものからも逃れて命取りとなるような制約の中に逃げ込んでしまおうとすることなどを見てはいない。

(5) ここには例えば聖職任命式や供犠の性格が認められるし、亡きジェームズ・ディーンに捧げられて峡谷の中に投げ込まれた花輪は彼を身代りの犠牲として浮かび上がらせている。

(6) Sein und Zeit, 2. Abschn., 1. Kap. におけるハイデッガーの死の分析参照。

Bloch, Philosophische Grundfragen I, Zur Ontologie des Noch-Nicht-Seins, Frft. a. M. 1961, S. 41ff. の中の「ニヒリズムと同一性についての考察」。引用は S. 50 f. それと Das Prinzip Hoffnung I, Bln. 1954, S. 332 ff. およびヘーゲル批判 Subjekt-Objekt, Bln. 1952, S. 142 f. を参照。——用語上の二つの注。ブロッホの 'Stocken つかえる、中断する'. および 'Gestockten 中断された (もの)' という概念は、彼が力説している突っ掛かり、押しやり、駆り立てるプロセスのイメージに属するものである。本書の中で繰り返し使われている 'Verstockten 頑固、かたくなになった (もの)' という概念はこの「プロセス」(それの始まりには発酵する無形の根源たるカオスが、またそれの終りには「すべて」または「無」が置かれる) の中に埋没してしまうことのない忠誠と背信の弁証法と関連している。——ブロッホはこう述べている (Einsichten, S. 47)。『もた＝ないこと』としての非 Nicht とは本来まさに、その回りにまだあらゆる物が建てられていて、何かを探し求め、自ら発酵しているような空虚であるが、それらを飲み込んでしまうような中毒症の吸い込む空虚とはちがう」と。ここでは「中毒症の吸い込む」空虚とは、つねに物を「もとうとすること」「自分の内に吸収すること」に向けられた「食い尽くす欲望」(l. c. S. 50) の言い換えであって、[私の言う] 吸引、もたれたいこと、物と一緒に「吸い込まれること」とは別である。本章参照。

(7) ここで思い起こされるのがキルケゴールの定義 (「自由の眩暈」としての「不安」) とサルトルのこの状況についての印象

深い記述、すなわち深淵の縁に立ちながら、すでに自分がその深淵の底に横たわっているのを見てしまう男の記述である (L'être et le néant, dtsche. Ausg. S. 90 ff.)。この男は「吸引 Sog」を知らない。彼が知っているのは、彼をその深淵の中に落とし込むかもしれない「外的可能性」を前にしての「身震い」であり、また彼を物化してしまうような可能性とそれに対して身を守るための（その身震いしている男がそうでもあるし、またそうでもないところの）「自分自身の」可能性との間の動揺なのである。（その身震いしている男がそうでもあるし、またそうでもないところの）「まだ未決定の未来」こそがその「眩暈」——すなわち自らはまだ存在していないがかといって存在している自我に頼ってもいない、そういう自我に頼っているという不安——を引き起こしているのである。この不安から初めて未来の可能性が生まれてくる（自分が下に横たわっているのが見える etc.）。だが「深淵を前にしての身震い」が自殺を妨げることができないのと同じように、この可能性も「自殺を引き起こす」ことはできない。両者の干渉が眩暈を静め、動揺を無関心に変える。眩暈とは自由の効果なき基礎的な）批判としては Herbert Marcuse, Existentialismus: Bemerkungen zu Jean Paul Sartres ›L'être et le néant‹, dtsch. in: Wirbel und Nacht. ——われわれの社会のなかにある吸引について早い頃から準備的に書かれたものとしては Balthasar Gracián, Criticón oder über die allgemeinen Laster des Menschen (1651-57), dtsch. Hambg. 1957, S. 167 ff. ここに描かれている「無の空洞」はたんなるこの世の無常のアレゴリーではなくて、無形態にしてしまう大いなる誘惑のことである。

(8) Edgar Allan Poe, Hinab in den Maelström (1841), dtsch. Stg. 1949 in: Wirbel und Nacht.——サルトルの自由概念に対する（私の知る限りもっとも基礎的な）

(9) フロイトは一九三〇年にこう書いている (Das Unbehagen in der Kultur, Werke XIV, London 1948, S. 50 邦訳人文書院著作集第三巻四九六頁)。「私の見るところ、人類の宿命的課題は、人間の攻撃ならびに自己破壊欲動による共同生活の妨害を文化の発展によってどの程度まで抑えうるかだと思われる。この点、現代という時代こそは特別興味のある時代であろう。いまや人類は、自然力の征服の点で大きな進歩をとげ、自然力の助けを借りればたがいに最後の一人まで殺し合うことが容易である。現代人の焦燥・不安・不安のかなりの部分は、われわれがこのことを知っていることから生じている。」「欲動」の吸引性格については本章一二四頁以下の説明参照。神経症と自己破壊の関

(10) Tillich, Systematic Theology I, Chicago 1951, Part II, Chapt. VIII. ―― 存在論的基礎構造と象徴としての「不安」と「勇気」については The courage to be. ――ここに展開されている「自己であるための勇気」の対極たる「部分であるための勇気」という概念はハイデッガーの「ひと das Man」に対する古典的な批判である。この概念は集団主義や全体主義の今日的形態をたんに自己献身としてではなく、歪められた自己肯定の形態として理解する可能性を与えてくれる。そしてそれは本書で試みられた吸引の分析を背景にもっている（「部分であるための勇気」は「もたれる」という構造の中にある）。

(11) 例えば Ruth Schlesinger のベルリンに提出された学位論文 Probleme eines religiösen Apriori, 1959, S. 51 ff. の中のシェーラー解釈参照。

(12) T. S. Eliot, The Waste Land, V. 311/12 (in: The Fire Sermon 仏陀の火の説教への暗示がここではアウグスティヌスと重ね合わされている); engl. u. dtsch. Wiesbaden 1957.

(13) Wittgenstein, Philosophische Untersuchungen, dtsch. Ausg. in: Schriften, Frf. a. M. 1960.――この遺稿には「事態」(Tractatus logico-philosophicus, 1921) の多元論に代って「言語ゲーム」の多元論が登場してきている。ウィットゲンシュタインがアングロサクソン系の世界に与えた影響はおそらく部分的には次のようなことから説明できるかもしれない。すなわち言語はそのつど行われる言語ゲームの中でのみ自分を実現する、という断念的な言い回しがプラグマティズム的思考の表現と誤解されているということである。

(14) Heidegger, Was ist Metaphysik? Frf. a. M. 1949 (Vorlesung von 1929, Nachwort von 1943, Einleitung von 1949) ――「滑り落ち」の説明については S. 19 ff.――「存在者の中の手掛かり」および「犠牲」については S. 44 ff. (ここではこう言われている。「存在の好意がそれ自身への開かれた関わりを通して人間に貧困、すなわちその中に犠牲の自由がその本質の宝を秘めた貧困の高貴さを与えるのでないとしたら、いったい人間存在は他にどのようにして根源的な感謝

に至ることができるというのだろうか。犠牲とは存在の好意を保持しようとするときの存在者からの離別である。犠牲は仕事や働きによって存在者の中で準備されたり操作されることはけっしてない。」また「目的をやたらに求めることは、自らに破壊不可能なものへの隣人的関係をもっている、あの不安を覚悟した物おじの明確さを混乱させてしまう。」あるいはまた「存在の思惟は存在者の中に手掛かりを求めることはしない。」――神秘の名については、例えば S. 41 と S. 46 それに S. 21 の「ヴェールを取ること」を参照。

(15) Hegel, Wissenschaft der Logik I, I 1, Anm. 2 (Phil. Bibl. 1948, S. 75 ff) ここの七八頁以下に次のように言われている。「しかしひとはおそらく存在を、言わば純粋な光のイメージの下で、濁りのない目「見ること」の明るさとして表象する一方で、無の方を純粋な夜として表象し、その区別をこのよく知られた感性的な相違と結び付けることであろう。だが実際は、たとえこの目がどれほど正確に表象しようとも、次のことに気付くのは容易であろう。すなわち絶対的な明るさにおいても、絶対的な暗闇においても同じだということ、片方の目つまり純粋に曇りけのない目ももう一方の目つまり無の目と変わりがないということである。純粋な光と純粋な闇はともに元を同じくする二つの空虚である。規定された光――光は闇によって規定される――つまり濁った光の中で初めて、また規定された暗闇――闇は光によって規定される――つまり照らされた闇の中で初めて何ものかが区別されうるのである。なぜならその濁った光と照らされた闇こそが初めて自らの区別を持ち、それによって規定された存在すなわち現存在となるからである。」

(16) Heidegger, l.c. この「なぜ」の問いについては S. 37 f., 41 ff., 46, 21.――「その本質的な〈なる〉において有限」な存在については S. 36(ヘーゲルからの背反)、「偶像 Götzen」については S. 38.――「神的」という言葉の使い方について触れておくと、ハイデッガーは確かにキリスト教神学を概念なき正統信仰の中に差し戻し (S. 18)、その至高の「存在者」たる神をあのよく知られた当惑の中に持ち込んでいるが (S. 35/36：存在も無も問うこともできない、「絶対者」は「無」を知ることもできない等々)、しかしそれはけっして序文や後書きに出てくるような神秘の言葉や恩恵体験を必要とはしていない。それは一つの返答「偶像 Götze」で十分なのだ (S. 38)。ハイデッガーの怒りと失望の間の動揺につ

(17) いては Guido Schneeberger の伝記 Nachlese zu Heidegger, Bern 1962 参照。不安についての記述は S. 29 f. と S. 31 の「拒絶する」無、それとそこに出てくる「呪縛された憩い」と「明るい闇」を参照。

(18) Tolstoj, Krieg und Frieden, 3. Teil, Kap. 16 の結末。
Heidegger, Vorwort zur 3. Aufl. Vom Wesen des Grundes, Frf. a. M. 1949 ―― 「欲すると欲しない」等々について は Gelassenheit, Pfullingen 1959, S. 31 ff. 引用は S. 35 ――これに関連して Thomas Mann, Mario und der Zauberer (Bln. 1930, in: Ausgewählte Erzählungen, Frf. a. M. 1948, S. 192/93) を参照。この中で「人類の栄誉を乱暴に救い出そうとした」「一人のローマからやってきた人物」は「自分の戦闘位置の消極性」に屈してしまう。「おそらく人は欲しないことによっては精神的に生きていくことはできない。何かを欲しないこと、もはや何も欲しないこと、それは長期的に見れば生きがいとはならない。あることをしようと欲しないにもかかわらず要求された通りにすること、このことはあまりに身近すぎて、その間に自由の理念が窮地に陥る必要もないほどである。」

(19) ギリシア悲劇の背景としての再生の奇跡については Kerényi, Griechische Miniaturen, Zürich 1957 のディオニュソス研究参照。――アリストテレス詩学について触れておくと、悲劇の「カタルシス」の働きが示しているのは、悲劇が最終目的ないし自己目的だということではなくて、かの再生のための準備だということである。――再生の奇跡によって釣り合いを取らない状況の中にあって「近代人」の不安を通過儀礼の不安と解釈するのは危険である。そういう解釈をしたものとして例えば Mircea Eliade の新しい本 Mythen, Träume und Mysterien, dtsch. Salzburg 1961 がある。エリアーデはこの本の中で外国の自然宗教や密教の研究を、「不安の神聖化の意味や霊的な意味を知る」のに相応しい手段としてみるよう勧めている。それによって死から新生が推論される不安状態にある単純さ（例えば S. 84 ff.）の一例を挙げておくと、「世界の終り、より正確に言えば、われわれの世界、われわれの文明の終焉」（この「われわれの」という言葉は字間を開けて強調されている）という近代的不安に触れた後でエリアーデはこう言っている。「けっして近代の発見が問題となっているわけではないということを思い起こすだけで十分である。世界の終りという神話は広く普及している。……それはこの世界を周期的に解体しては生まれ変わらせるという神話、永劫回帰神話の宇宙論的表現な

(20) Heidegger, Was ist Metaphysik?, S. 46.

(21) Freud, Ges. Werke.——「死の欲動」と「生の欲動」、「タナトス」と「エロース」、「デストルード」と「リビド」の解明についてはJenseits des Lustprinzips, Das Ich und das Es, Bd. XIII (1920-24), London 1940 ; Das Unbehagen in der Kultur, Bd. XIV (1925-1931), London 1948.——両欲動の目的論的共通性の試論的解明としてはJenseits V-VII.——フロイトの欲動理論のもっとも要領を得た記述としてはUnbehagen VI を参照。ここでは最終的にこの二つの基本欲動の闘争は、「自己を無に帰する」危険性が人間の文明の脅威となるような出来事としてとらえられている（引用はo. Anm. 9)。——これに関連させてHerbert Marcuse (Eros and Civilization, Boston 1955) はフロイト自身の立てた前提の下に、にもかかわらず維持できるような両欲動のバランスの可能性を述べたのであった。つまり不必要な強制から解放された文明、すなわちおそらく「快感原則」を「現実原則」によって制限しなければならないとしても、もはや「業績原則」に屈する必要のない文明である。フロイトをヨーロッパ的思惟の伝統の中に据えるこのマルクーゼの著作は個人的な精神の分析家と社会の分析家との間を切り離してしまわない数少ない論攻の一つである。

(22) Thomas Mann, Tod in Venedig, l. c. S. 128/29. 物語の最後で彼の前に立つこの少年は「青白い顔の愛らしい精神教育者」たる会葬者ヘルメスである。

(23) フロイトの概念についてはここでは説明する余地がない（退行、反復、強迫等々）。さしあたりここでわれわれの興味の対象となるのは、もっぱらわれわれの説明した失望のプロセスにおけるフロイトの位置だけである。マルクーゼはフロイトがそれによって死の欲動の働きを説明したイメージの中に「苦痛と欠如からの無意識の逃亡」ないし「苦と抑圧

に対する永遠の戦いの表現」（l. c. S. 36. これに加えて該テクストの中に出てくるフロイトの概念、無機的なものの「憩い」、「緊張緩和」を参照）を見ているが、それは正しい。フロイトにとって（フェヒナー、ショーペンハウアー、ヴァーグナーにとってもそうだが）自明な快感と死と緊張緩和の間のコノテーション関係がここで説明されたプロセス（脱体現化の恩恵の中に逃げ込んでしまうような体現思考への失望のプロセス）に属するとするならば、フロイトの治療上のライフ・ワークはこの認識された失望に対する唯一の戦いということになる。

(24) Enzensberger, landesprache, Frf. a. M. 1960, S. 46.

新版へのあとがき

本書は一九六四年に出た初版の復刻であり、同時に著者が一九六二年［ベルリン］自由大学哲学部に提出した教授資格論文でもある。当時たんに学問的とばかりも言えない情動がこの学部を互いに対立し合う陣営に分裂させ、著者の教授資格審査の手続きも妨害を受けたのであった。そのため手続きの終了は外部からの介入のお陰で初めて可能となった。今日ではこのようなことはほとんど想像も付かないだろうが、まさにその事実が、あれからどれほど時代が変わったかを物語っている。

ここで立てられた学問の損なわれた自己理解に向けての情熱に満ちた問いは、一九四五年の待ち望まれた転機をもってしてもこれを学問的なものとすることはできなかった。にもかかわらずまさにこの問いこそが戦後のドイツ的学問の営みの義務であった。それはあらゆる学問的良心から感じ取ることができた以上の残響を残すこととなった。つまりそれは権威的に空疎になった自分たちの父親の性格、もっとはっきり言えば、こうした性格の中に肉化して今なお残るナチ的なものや、こうした性格による感染の不安といったものに抗した学生運動世代の怒りの反抗によって行われたのである。だがこの怒りの反抗は──大学というものに責任を負う者はそれを見過ごしてはならない──まだ大学という制度への愛の告白であった。今日の官庁大学がこうしたエ

ロース的な攻撃を認めることはもはやない。かの怒りの反抗はその反抗に続いて起こった教条化した自己規制、諦めの産物、さらにはまたわれわれのせいで生き残り、予定通りさらなる自己破壊を続けている社会への魅了ともどもこのエロース的な攻撃を分かち合っているのである。そして改めて出てきた反公共性を訴える抵抗、つまり言語や理論を喪失した自発性の賞揚といったものは——それらには同時に合理主義以前の社会形態の強化手段やそれをカルト的に超時間的な自然に根付かせることなどが伴うのだが——これまでのところ格闘に値する新たな愛の対象を生み出してはいない。

大学ユートピアが挫折して以降、学問ユートピアの残余が守られうるのかどうか、これはまた別の問題である。この問いはあらゆる学科に向けられながら、それらを通してさらに自らの歴史に降伏することなく、また自らに背信することもない哲学に向けられている。もし本書がこうした問いを立てるための一助となるのであれば、二〇年後の今日に至ってもその存在価値を失っていないことになる。改訂を伴わないこのテクストの復刻はたんなる六〇年代初頭のドキュメントにとどまらず、一つの具体検証の試みであることを望むものでもある。

ベルリン　一九八二年二月

K・H・

訳者あとがき

本書は Klaus Heinrich: Versuch über die Schwierigkeit nein zu sagen の全訳である。本書は著者の教授資格論文として一九六四年に初版が Suhrkamp 社から出版されたが、その後版権が Stroemfeld/Roter Stern 社に移って、第二版が一九八二年に、第三版が一九八五年に出されている。邦訳に際しては第三版を使用したが、初版との異同はほとんどない。

著者ハインリッヒについては、一九七三年に邦訳された『哲学と神話にかんする四考察』（未来社）の訳者あとがきの中で、ハインリッヒの日本人最初の弟子とも言うべき訳者の池田芳一氏が紹介しておられるが、現在この著作の入手が困難になっているという状況もあり、あえて一部重複を承知で改めてハインリッヒの略歴を紹介しておくことにする。

ハインリッヒは一九二七年ベルリンの生まれで、終戦直後にフリードリッヒ・ヴィルヘルム大学（後フンボルト大学）で法学、哲学、文学、神学、心理学、芸術史を学んだ後の一九四八年、学生代表としてベルリン自由大学創立に参加している。この戦後新しく（旧）西ベルリン地区に開設された自由大学では、主に哲学、宗教学、精神分析学を学び、一九五二年に Versuch über das Fragen und die Frage で学位を、また一九六四年に本書で教授資格を獲得し、一九六九年から定年退官の一九九五年までベルリン自由大学

宗教学研究所所長の職（一九七一年から正教授）にあった。なお本書に関して付け加えておけば、新版へのあとがきにも書かれているように、その教授資格審査に際して、自由大学の内部紛争が絡んで、審査員を全て学外から招いて行うという「スキャンダル」もあった。学内の反対派からはアカデミズムの「常識」を無視するような論文（本書）の特異なスタイルが槍玉に上ったようであるが、学外から批評を通してこの著作を支援した者の中には若きハーバーマスも入っている。

退官後も自由大学の名物の一つとも言えるその格調高い講義だけは続けられ、現在に至っているが、訳者自身この講義には数年間欠かさず通い続けるとい同時に、彼の下で学位を取得させてもらったという経緯もあるので、まずその講義ぶりについて簡単に触れておきたい。アカデーミッシャー・フィアテルと呼ばれる予定時間の十五分後にいつもの膨らんだ皮鞄を下げて入室してくるハインリッヒは、まず前列一帯を占めている年齢様々な通称ハインリッヒ・グループの中の顔見知りたちに一人一人笑顔で頷いては挨拶を交わしながら、鞄の中からその日の講義の材料となる本を一冊一冊丁寧に机の上に並べ始める。本はどれにも付箋が一杯に挟まれており、原形を止めていない。それと平行して聴講者側の最前列の机にも録音マイクが立ち並び、これが講義の前の一種のイニシエーションとなって定着している。

前週の内容を簡単に振り返った後、おもむろに本論が始まるが、そのためのノートなどは存在せず、もっぱらフリー・トークである。にもかかわらず机の前をゆっくりと左右に行ったり来たりしながら独特のリズムで紡ぎ出されるドイツ語は、そのまま活字にされても良いほどの完成されたセンテンスを構成し、聴く側を圧倒する。訳者などはこの講義をドイツ語のヒアリング練習としても利用した。事実この講義録は本書と同じ出版社から Dahlemer Vorlesungen と名付けられて現在までにその三巻分が出されているが、この後も逐次の出版が予定されており、おそらく全十巻ほどのものになると思われる。

講義のテーマは宗教、神話、哲学、心理学、文学、美術、音楽等々の分野にわたり、じつに多岐多様である。本書を読まれた方はただちに気付かれたと思うが、ハインリッヒの言説の背景には膨大な量の教養が控えており、その凝縮された表現は聴く者読む者を悩ませる。聖書、バガヴァッド・ギタ、荘子、ギリシア古典、ヨーロッパ中世、デカルト、ベーコン、カント、フロイト、ハイデガー、ブレヒト、ティリッヒ、アドルノ、エリアーデ、カラヴァジオ、エンツェンスベルガー、ベルリン史、ウィーン建築等々が飛び交いながら、それらが一定の連関性を帯びて口に上るとき、われわれはそこにおそらく現代ドイツ最後の教養人を見ることになる。

だがこの一見膨大多様な教養のばらまきに見えるハインリッヒの言説群には一本の力線が走っている。それは「あとがき」にも書かれているように、彼らの体験に基づいたドイツ・ファシズム批判という力線である。ハインリッヒはこのファシズムの起源をヨーロッパ的「同一性」思考の原形にまで遡って徹底追求しつつ、その折り返しにおいて現在を撃つという戦略を取る。方法論において積極的な影響を受けたのはおそらくティリッヒの批判的宗教学とフロイトの精神分析であるが、その批判の最大のターゲットとなっているのはナチへ「頽落」していったハイデガーの存在論である。ハイデガーのナチ荷担問題に関してはファリアス、ラクー゠ラバルト、オットー、デリダなどの著作を通して知られている通りだが、ハインリッヒはあの時代自分の同時代人がハイデガー思想に引かれていくとともに、ファシズムに対して何ら抗することもできなかったというその事実を、ヨーロッパ思想の起源にまで遡って追求しようとする。特に本書最終章に展開される「吸引」という概念を巡っての綿密で入り組んだ論議は、まさにハインリッヒならではの分析批判の仕事である。その意味でその試みは啓蒙主義批判、「同一性」批判にファシズム批判を重ねるアドルノ、ホルクハイマーと多くの視点を共有している。

だが同時に彼らに対するライバル意識も強く、ところどころにそのテーゼに対する共感や批判も見え隠れしている（本書第一章及び補遺、それに付けられた原注参照）。そういう意味でも本書にはハインリッヒ思想のほとんどの問題点が凝縮されて入っていると言ってよい。何としてもこの難書を翻訳してみたかった理由の一つである。

ハインリッヒを読解するに当っては一つ注意を要することがある。ハインリッヒ思想の根底には、あらゆる意味での呪物化物象化とその対極に位置する無化の両面に対する批判が据えられていて、それが彼の文章記述法にも実践されているからである。ハインリッヒに従えば、われわれの世界のすべての事象は何らかの具体的な「体現 Verkörperung」を通して表現されるのだが、この体現にはつねに二つの危険が付きまとう。一つは一度体現されたものが硬直し、もはや融通の利かないものとなってしまう危険であり、もう一つは体現そのものを「無」や「存在」といった「脱体現化」されたものにその昇華還元してしまう誘惑である。古代の例では、前者は聖書の中に出てくるヨナ、後者はパルメニデスがその典型ということになる。ハインリッヒがこれらに対置させるのが「忠誠と背信の弁証法」および「バランス」という概念である。われわれの表現が多かれ少なかれ「体現」を通してしか行われない以上、つねに右の二つの危険に晒されながら、緊張を孕んだバランスを取り続けること、それがわれわれに課せられた唯一の道であるという。ヨナのコンフリクトが示しているように、忠誠と背信の弁証法はたんなる「あれかこれか」ではない。それはそのつどそのつどの体現的判断を必要としているのである。その判断は一度立てられたからといって、それに拘泥することはできない。緊張を孕んだ状況ごとの不断のバランス取り、それがハインリッヒの言う「弁証法」である。

だからこの「弁証法」の概念には注意を要する。

このことはまたそのまま言語表現にも当てはまる。いかなる言語表現も体現を抜きにはありえないが、

それが体現の硬直にも無化にも陥ることなく実現されるということは、原理的に言ってもそれほど容易なことではない。そうでなければ理解が成り立たないからである。そこにそのつど「意味」を紡ぎ続けること、これがハインリッヒの言説的実験の基本である。彼は自分の使用した概念の硬直化を意識的に避けようと試みる。本書で「エッセイ」の文体が取られるのもそのことに起因している（これについては本書第一章の第二、三節で詳しく論じられている）、また使用される諸概念も、もっぱらそのつどそのつどのコンテクストの中でのみ、たその限りで「意味」を帯びるように配慮されている。引用の概念とてその例外とはならない。このことは裏を返すと、読者に固定した概念内容に基づいた惰性的読解を禁じていることを意味している。本書が「難解」である最大の理由はそこにある。

　余談になるが、本書にはこれまでフランス語訳とイタリア語訳のプロジェクトがあったが、ともに挫折に終わっている。訳者がこの邦訳に着手したとき、本書の読者でその翻訳の挫折を知る人たちからよく驚きのこもった励ましの言葉をもらったが、正直なところ訳者にはその驚きの中に「ヨーロッパ語でも難しいのに、まして遠く離れた日本語にどうやって翻訳できるのか」という半ば嘲笑めいたニュアンスが感じ取れなくはなかった。それほど本書の読解と他言語による再構成は困難なのである。もちろんこの半分は自分のドイツ語能力のことを棚に上げた訳者の言い訳である。事実この翻訳には幾つかの誤訳や不適当訳があるかもしれないが、勿論すべて訳者の責任である。奇妙な言い方だが、訳者自身が不明が明確な場合はハインリッヒ本人や彼の学生などに問い質すことができたのだが、訳者が生半可に理解してしまったところで思わぬ間違いがありうると想像される。これについては読者からのご教示を仰ぎたい。

そういう事情からも、興味をもたれた読者には一度ドイツ語原典に当たってみられることを勧めておきたい。概念使用がいかに緻密になされているかを知って驚かれるであろう。また本書の中で触れられているパルメニデスとヨナについてのより立ち入った理解を求める読者には、先に挙げた邦訳『哲学と神話にかんする四考察』の第三部「パルメニデスとヨナ」を、ベーコンについては同書第二部「フランシス・ベイコンの神話解釈」を、それぞれディオゲネスについては第四部「古代ギリシアの犬儒主義者と現代の犬儒主義」を、それぞれ参考にされることを勧めておく。本書の中であまりにコンパクトに表現されていて分かりにくい点がより詳しく説明されている。

ハインリッヒの出版著作（ただし単行本のみ）は以下の通りである。

Dahlemer Vorlesungen 1, tertium datur, Einführung in die Logik 1981
Dahlemer Vorlesungen 2, anthropomorphe, Zum Problem des Anthropomorphismus 1986
Dahlemer Vorlesungen 3, arbeiten mit ödipus, Begriff der Verdrängung 1993
Dahlemer Vorlesungen 4, Religionsphilosophie. Vom Bündnisdenken zum Erfahrungsbegriff 2000
Versuch über die Schwierigkeit nein zu sagen（本書）1964, 1982
Parmenides und Jona, Vier Studien über das Verhältnis von Philosophie und Mythologie（『哲学と神話にかんする四考察』池田芳一訳　未来社）1966
Vernunft und Mythos, Ausgewählte Texte 1983
floss der medusa, Drei Studien zur Faszinationsgeschichte mit mehreren Beilagen und einem Anhang 1995
Reden und kleine Schriften 1, anfangen mit freud 1997

最後にこの翻訳が成るに当って何人かの方々にお礼を申し述べておきたい。まず何をおいてもハインリッヒその人に最大の感謝が捧げられる。訳者が拙い翻訳原稿片手に氏の自宅を何度となく訪ねては質問するするたびに、逐一丁寧に説明されたことは、それだけでも一冊の書物を成すと思われるほど内容の濃いものであった。今となってはこれをテープに録音でもしておけばよかったと後悔されるほどである。次は下訳の最中たびたび訳者に付き添ってありとあらゆる訳者の疑問に一緒になって格闘してくれた宗教学研究所のドクトランドであるゲオルク・クライン氏である。この作曲家でもある繊細な感性を持った友人の助けなくしてはこの仕事はこれほど速やかに進行することはなかったであろう。また出版のための仲介の労を煩わせた三島憲一、山本尤の両氏、そして言うまでもなく実際の編集を手掛けて下さった法政大学出版局の藤田信行氏にも心より感謝申し上げる。

そして最後に特別にもう二人付け加えさせてもらえるならば、まずこの翻訳はある意味で訳者の長年の友人であるとともに著者ハインリッヒの最初の邦訳者である池田芳一氏に負うところが多い。今から十数

Reden und kleine Schriften 2, der gesellschaft in ihrer bewußtsein selbst zu geben 1998
Reden und kleine Schriften 3, dämonen beschwören katastrophen auslachen (近刊予定)

(なお発行年は初版の年、出版元は初版に際しては様々であるが、現在ではすべて Stroemfeld/Roter Stern, Frankfurt a. M. になっている。また論文、講演等を含めてハインリッヒの全著作を知りたい人は、彼の七〇歳の誕生記念として友人、知人、弟子たちによって出された "talismane" hrsg. S. Anselm & C. Neubaur, Stroemfeld/Roter Stern 1998 の巻末に詳しいリストが載せられているので、それを参照されることを勧めておく。)

年前訳者が初めてドイツ留学を敢行した折に訳者をハインリッヒ氏に紹介して下さったのは池田氏であり、その後もハインリッヒ学徒の先輩として公私にわたり何かとアドバイスなどを頂戴した。併せてここにその感謝の念を明らかにしておきたい。もう一人感謝の意を表すべきは、やはりハインリッヒの下で学位を取得された、私にとってはもう一人の「先輩」に当たる豊橋技術科学大学の山本淳氏である。翻訳原稿をあらかた終えたところで氏も本書に取りかかっておられることを耳にし、早急に連絡を取り校正の段階で様々な教示を得たが、初めから氏と共同で取り組めなかったことが悔やまれる次第である。

安易に「ノーを言うこと」が広言され、改めてさまざまな形の硬直した暴力が荒れ狂い始めた時代、本書の翻訳が改めてその意義を見出すことを願って。

二〇〇〇年春

ベルリンにて　小林敏明

《叢書・ウニベルシタス　686》
ノーを言う難しさ　宗教哲学的エッセイ
2000年7月15日　初版第1刷発行

クラウス・ハインリッヒ
小林敏明 訳
発行所　財団法人　法政大学出版局
〒102-0073　東京都千代田区九段北3-2-7
電話03(5214)5540／振替00160-6-95814
製版，印刷　三和印刷／鈴木製本所
© 2000 Hosei University Press
Printed in Japan

ISBN4-588-00686-X

著者
クラウス・ハインリッヒ
1927年ベルリン生まれ．終戦後に，フリードリッヒ・ヴィルヘルム大学（後のフンボルト大学）で法学・哲学・文学・神学・心理学などを学び，1948年に学生代表としてベルリン自由大学創立に参加．新設の自由大学では主に哲学・宗教学・精神分析学を学び，1964年本書で教授資格を取得，1969年から（71年正教授）95年に退官するまでベルリン自由大学宗教学研究所所長を務めた．〔主な著書については「訳者あとがき」参照．〕

訳者
小林敏明（こばやし としあき）
1948年生まれ．ベルリン自由大学（宗教哲学）学位取得．現在，ライプツィヒ大学東アジア研究所学術共同研究員．著書：*Melancholie und Zeit* (Stroemfeld)，『西田幾多郎——他性の文体』（太田出版），『精神病理からみる現代思想』（講談社），ほか．

叢書・ウニベルシタス

(頁)

1	芸術はなぜ必要か	E.フィッシャー／河野徹訳	品切	302
2	空と夢〈運動の想像力にかんする試論〉	G.バシュラール／宇佐見英治訳		442
3	グロテスクなもの	W.カイザー／竹内豊治訳		312
4	塹壕の思想	T.E.ヒューム／長谷川鉱平訳		316
5	言葉の秘密	E.ユンガー／菅谷規矩雄訳		176
6	論理哲学論考	L.ヴィトゲンシュタイン／藤本, 坂井訳		350
7	アナキズムの哲学	H.リード／大沢正道訳		318
8	ソクラテスの死	R.グアルティーニ／山村直資訳		366
9	詩学の根本概念	E.シュタイガー／高橋英夫訳		334
10	科学の科学〈科学技術時代の社会〉	M.ゴールドスミス, A.マカイ編／是永純弘訳		346
11	科学の射程	C.F.ヴァイツゼカー／野田, 金子訳		274
12	ガリレオをめぐって	オルテガ・イ・ガセット／マタイス, 佐々木訳		290
13	幻影と現実〈詩の源泉の研究〉	C.コードウェル／長谷川鉱平訳		410
14	聖と俗〈宗教的なるものの本質について〉	M.エリアーデ／風間敏夫訳		286
15	美と弁証法	G.ルカッチ／良知, 池田, 小箕訳		372
16	モラルと犯罪	K.クラウス／小松太郎訳		218
17	ハーバート・リード自伝	北條文緒訳		468
18	マルクスとヘーゲル	J.イッポリット／宇津木, 田口訳	品切	258
19	プリズム〈文化批判と社会〉	Th.W.アドルノ／竹内, 山村, 板倉訳		246
20	メランコリア	R.カスナー／塚越敏訳		388
21	キリスト教の苦悶	M.de ウナムーノ／神吉, 佐々木訳		202
22	アインシュタイン／ゾンマーフェルト往復書簡	A.ヘルマン編／小林, 坂口訳	品切	194
23/24	群衆と権力（上・下）	E.カネッティ／岩田行一訳		440/356
25	問いと反問〈芸術論集〉	W.ヴォリンガー／土肥美夫訳		272
26	感覚の分析	E.マッハ／須藤, 廣松訳		386
27/28	批判的モデル集（I・II）	Th.W.アドルノ／大久保健治訳	〈品切〉I 〈品切〉II	232/272
29	欲望の現象学	R.ジラール／古田幸男訳		370
30	芸術の内面への旅	E.ヘラー／河原, 杉浦, 渡辺訳	品切	284
31	言語起源論	ヘルダー／大阪大学ドイツ近代文学研究会訳		270
32	宗教の自然史	D.ヒューム／福鎌, 斎藤訳		144
33	プロメテウス〈ギリシア人の解した人間存在〉	K.ケレーニイ／辻村誠三訳	品切	268
34	人格とアナーキー	E.ムーニエ／山崎, 佐藤訳		292
35	哲学の根本問題	E.ブロッホ／竹内豊治訳		194
36	自然と美学〈形体・美・芸術〉	R.カイヨワ／山口三夫訳		112
37/38	歴史論（I・II）	G.マン／加藤, 宮野訳	I・品切 II・品切	274/202
39	マルクスの自然概念	A.シュミット／元浜清海訳		316
40	書物の本〈西欧の書物と文化の歴史, 書物の美学〉	H.プレッサー／轡田収訳		448
41/42	現代への序説（上・下）	H.ルフェーヴル／宗, 古田監訳		220/296
43	約束の地を見つめて	E.フォール／古田幸男訳		320
44	スペクタクルと社会	J.デュビニョー／渡辺淳訳	品切	188
45	芸術と神話	E.グラッシ／榎本久彦訳		266
46	古きものと新しきもの	M.ロベール／城山, 島, 円子訳		318
47	国家の起源	R.H.ローウィ／古賀英三郎訳		204
48	人間と死	E.モラン／古田幸男訳		448
49	プルーストとシーニュ（増補版）	G.ドゥルーズ／宇波彰訳		252
50	文明の滴定〈科学技術と中国の社会〉	J.ニーダム／橋本敬造訳	品切	452
51	プスタの民	I.ジュラ／加藤二郎訳		382

叢書・ウニベルシタス

(頁)

52/53	社会学的思考の流れ（I・II）	R.アロン／北川, 平野, 他訳		350/392
54	ベルクソンの哲学	G.ドゥルーズ／宇波彰訳		142
55	第三帝国の言語LTI〈ある言語学者のノート〉	V.クレムペラー／羽田, 藤平, 赤井, 中村訳	品切	442
56	古代の芸術と祭祀	J.E.ハリスン／星野徹訳		222
57	ブルジョワ精神の起源	B.グレトゥイゼン／野沢協訳		394
58	カントと物自体	E.アディッケス／赤松常弘訳		300
59	哲学的素描	S.K.ランガー／塚本, 星野訳		250
60	レーモン・ルーセル	M.フーコー／豊崎光一訳		268
61	宗教とエロス	W.シューバルト／石川, 平田, 山本訳	品切	398
62	ドイツ悲劇の根源	W.ベンヤミン／川村, 三城訳		316
63	鍛えられた心〈強制収容所における心理と行動〉	B.ベテルハイム／丸山修吉訳		340
64	失われた範列〈人間の自然性〉	E.モラン／古田幸男訳		308
65	キリスト教の起源	K.カウツキー／栗原佑訳		534
66	ブーバーとの対話	W.クラフト／板倉敏之訳		206
67	プロデメの変貌〈フランスのコミューン〉	E.モラン／宇波彰訳		450
68	モンテスキューとルソー	E.デュルケーム／小関, 川喜多訳	品切	312
69	芸術と文明	K.クラーク／河野徹訳		680
70	自然宗教に関する対話	D.ヒューム／福鎌, 斎藤訳		196
71/72	キリスト教の中の無神論（上・下）	E.ブロッホ／竹内, 高尾訳		234/304
73	ルカーチとハイデガー	L.ゴルドマン／川俣晃自訳		308
74	断想 1942—1948	E.カネッティ／岩田行一訳		286
75/76	文明化の過程（上・下）	N.エリアス／吉田, 中村, 波田, 他訳		466/504
77	ロマンスとリアリズム	C.コードウェル／玉井, 深井, 山本訳		238
78	歴史と構造	A.シュミット／花崎皋平訳		192
79/80	エクリチュールと差異（上・下）	J.デリダ／若桑, 野村, 阪上, 三好, 他訳		378/296
81	時間と空間	E.マッハ／野家啓一編訳		258
82	マルクス主義と人格の理論	L.セーヴ／大津真作訳		708
83	ジャン＝ジャック・ルソー	B.グレトゥイゼン／小池健男訳		394
84	ヨーロッパ精神の危機	P.アザール／野沢協訳		772
85	カフカ〈マイナー文学のために〉	G.ドゥルーズ, F.ガタリ／宇波, 岩田訳		210
86	群衆の心理	H.ブロッホ／入野田, 小崎, 小岸訳	品切	580
87	ミニマ・モラリア	Th.W.アドルノ／三光長治訳		430
88/89	夢と人間社会（上・下）	R.カイヨワ, 他／三好郁郎, 他訳		374/340
90	自由の構造	C.ベイ／横越英一訳		744
91	1848年〈二月革命の精神史〉	J.カスー／野沢協, 他訳		326
92	自然の統一	C.F.ヴァイツゼカー／斎藤, 河井訳	品切	560
93	現代戯曲の理論	P.ション ディ／市村, 丸山訳	品切	250
94	百科全書の起源	F.ヴェントゥーリ／大津真作訳		324
95	推測と反駁〈科学的知識の発展〉	K.R.ポパー／藤本, 石垣, 森訳		816
96	中世の共産主義	K.カウツキー／栗原佑訳		400
97	批評の解剖	N.フライ／海老根, 中村, 出淵, 山内訳		580
98	あるユダヤ人の肖像	A.メンミ／菊地, 白井訳		396
99	分類の未開形態	E.デュルケーム／小関藤一郎訳	品切	232
100	永遠に女性的なるもの	H.ド・リュバック／山崎庸一郎訳		360
101	ギリシア神話の本質	G.S.カーク／吉田, 辻村, 松田訳	品切	390
102	精神分析における象徴界	G.ロゾラート／佐々木孝次訳		508
103	物の体系〈記号の消費〉	J.ボードリヤール／宇波彰訳		280

——— 叢書・ウニベルシタス ———

(頁)

104 言語芸術作品〔第2版〕	W.カイザー／柴田斎訳	品切	688
105 同時代人の肖像	F.プライ／池内紀訳		212
106 レオナルド・ダ・ヴィンチ〔第2版〕	K.クラーク／丸山, 大河内訳		344
107 宮廷社会	N.エリアス／波田, 中埜, 吉田訳		480
108 生産の鏡	J.ボードリヤール／宇波, 今村訳		184
109 祭祀からロマンスへ	J.L.ウェストン／丸小哲雄訳		290
110 マルクスの欲求理論	A.ヘラー／良知, 小箕訳		198
111 大革命前夜のフランス	A.ソブール／山崎耕一訳	品切	422
112 知覚の現象学	メルロ゠ポンティ／中島盛夫訳		904
113 旅路の果てに〈アルペイオスの流れ〉	R.カイヨワ／金井裕訳		222
114 孤独の迷宮〈メキシコの文化と歴史〉	O.パス／高山, 熊谷訳		320
115 暴力と聖なるもの	R.ジラール／古田幸男訳		618
116 歴史をどう書くか	P.ヴェーヌ／大津真作訳		604
117 記号の経済学批判	J.ボードリヤール／今村, 宇波, 桜井訳		304
118 フランス紀行〈1787, 1788&1789〉	A.ヤング／宮崎洋訳		432
119 供　犠	M.モース, H.ユベール／小関藤一郎訳		296
120 差異の目録〈歴史を変えるフーコー〉	P.ヴェーヌ／大津真作訳	品切	198
121 宗教とは何か	G.メンシング／田中, 下宮訳		442
122 ドストエフスキー	R.ジラール／鈴木晶訳		200
123 さまざまな場所〈死の影の都市をめぐる〉	J.アメリー／池内紀訳		210
124 生　成〈概念をこえる試み〉	M.セール／及川訳		272
125 アルバン・ベルク	Th.W.アドルノ／平野嘉彦訳		320
126 映画　あるいは想像上の人間	E.モラン／渡辺淳訳		320
127 人間論〈時間・責任・価値〉	R.インガルデン／武井, 赤松訳		294
128 カント〈その生涯と思想〉	A.グリガ／西牟田, 浜田訳		464
129 同一性の寓話〈詩的神話学の研究〉	N.フライ／駒沢大学フライ研究会訳		496
130 空間の心理学	A.モル, E.ロメル／渡辺淳訳		326
131 飼いならされた人間と野性的人間	S.モスコヴィッシ／古田幸男訳		336
132 方　法　1．自然の自然	E.モラン／大津真作訳	品切	658
133 石器時代の経済学	M.サーリンズ／山内昶訳		464
134 世の初めから隠されていること	R.ジラール／小池健男訳		760
135 群衆の時代	S.モスコヴィッシ／古田幸男訳	品切	664
136 シミュラークルとシミュレーション	J.ボードリヤール／竹原あき子訳		234
137 恐怖の権力〈アブジェクシオン〉試論	J.クリステヴァ／枝川昌雄訳		420
138 ボードレールとフロイト	L.ベルサーニ／山縣直子訳		240
139 悪しき造物主	E.M.シオラン／金井裕訳		228
140 終末論と弁証法〈マルクスの社会・政治思想〉	S.アヴィネリ／中村恒矩訳	品切	392
141 経済人類学の現在	F.プイヨン編／山内昶訳		236
142 視覚の瞬間	K.クラーク／北條文緒訳		304
143 罪と罰の彼岸	J.アメリー／池内紀訳		210
144 時間・空間・物質	B.K.ライドレー／中島龍三訳	品切	226
145 離脱の試み〈日常生活への抵抗〉	S.コーエン, N.ティラー／石黒毅訳		321
146 人間怪物論〈人間脱走の哲学の素描〉	U.ホルストマン／加藤二郎訳		206
147 カントの批判哲学	G.ドゥルーズ／中島盛夫訳		160
148 自然と社会のエコロジー	S.モスコヴィッシ／久米, 原訳		440
149 壮大への渇仰	L.クローネンバーガー／岸, 倉田訳		368
150 奇蹟論・迷信論・自殺論	D.ヒューム／福鎌, 斎藤訳		200
151 クルティウス＝ジッド往復書簡	ディークマン編／円子千代訳		376
152 離脱の寓話	M.セール／及川馥訳		178

― 叢書・ウニベルシタス ―

(頁)

153	エクスタシーの人類学	I.M.ルイス／平沼孝之訳		352
154	ヘンリー・ムア	J.ラッセル／福田真一訳		340
155	誘惑の戦略	J.ボードリヤール／宇波彰訳		260
156	ユダヤ神秘主義	G.ショーレム／山下, 石丸, 他訳		644
157	蜂の寓話〈私悪すなわち公益〉	B.マンデヴィル／泉谷治訳		412
158	アーリア神話	L.ポリアコフ／アーリア主義研究会訳		544
159	ロベスピエールの影	P.ガスカール／佐藤和生訳		440
160	元型の空間	E.ゾラ／丸小哲雄訳		336
161	神秘主義の探究〈方法論的考察〉	E.スタール／宮元啓一, 他訳		362
162	放浪のユダヤ人〈ロート・エッセイ集〉	J.ロート／平田, 吉田訳		344
163	ルフー, あるいは取壊し	J.アメリー／神崎巌訳		250
164	大世界劇場〈宮廷饗宴の時代〉	R.アレヴィン, K.ゼルツレ／円子修平訳	品切	200
165	情念の政治経済学	A.ハーシュマン／佐々木, 旦訳		192
166	メモワール〈1940-44〉	レミ／築島謙三訳		520
167	ギリシア人は神話を信じたか	P.ヴェーヌ／大津真作訳	品切	340
168	ミメーシスの文学と人類学	R.ジラール／浅野敏夫訳		410
169	カバラとその象徴的表現	G.ショーレム／岡部, 小岸訳		340
170	身代りの山羊	R.ジラール／織田, 富永訳	品切	384
171	人間〈その本性および世界における位置〉	A.ゲーレン／平野具男訳	品切	608
172	コミュニケーション〈ヘルメスⅠ〉	M.セール／豊田, 青木訳		358
173	道　化〈つまずきの現象学〉	G.v.バルレーヴェン／片岡啓治訳		260
174	いま, ここで〈アウシュヴィッツとヒロシマ以後の哲学的考察〉	G.ピヒト／斎藤, 浅野, 大野, 河井訳		600
175/176/177	真理と方法〔全三冊〕	H.-G.ガダマー／轡田, 麻生, 三島, 他訳	Ⅰ・350 Ⅱ・ Ⅲ・	
178	時間と他者	E.レヴィナス／原田佳彦訳		140
179	構成の詩学	B.ウスペンスキイ／川崎, 大石訳	品切	282
180	サン=シモン主義の歴史	S.シャルレティ／沢崎, 小杉訳		528
181	歴史と文芸批評	G.デルフォ, A.ロッシュ／川中子弘訳		472
182	ミケランジェロ	H.ヒバード／中山, 小野訳	品切	578
183	観念と物質〈思考・経済・社会〉	M.ゴドリエ／山内昶訳		340
184	四つ裂きの刑	E.M.シオラン／金井裕訳		234
185	キッチュの心理学	A.モル／万沢正美訳		344
186	領野の漂流	J.ヴィヤール／山下俊一訳		226
187	イデオロギーと想像力	G.C.カバト／小箕俊介訳		300
188	国家の起源と伝承〈古代インド社会史論〉	R.=ターパル／山崎, 成澤訳		322
189	ベルナール師匠の秘密	P.ガスカール／佐藤和生訳		374
190	神の存在論的証明	D.ヘンリッヒ／本間, 須田, 座小田, 他訳		456
191	アンチ・エコノミクス	J.アタリ, M.ギヨーム／斎藤, 安孫子訳		322
192	クローチェ政治哲学論集	B.クローチェ／上村忠男編訳		188
193	フィヒテの根源的洞察	D.ヘンリッヒ／座小田, 小松訳		184
194	哲学の起源	オルテガ・イ・ガセット／佐々木孝訳	品切	224
195	ニュートン力学の形成	ベー・エム・ゲッセン／秋間実, 他訳		312
196	遊びの遊び	J.デュビニョー／渡辺淳訳	品切	160
197	技術時代の魂の危機	A.ゲーレン／平野具男訳	品切	222
198	儀礼としての相互行為	E.ゴッフマン／広瀬, 安江訳	品切	376
199	他者の記号学〈アメリカ大陸の征服〉	T.トドロフ／及川, 大谷, 菊地訳		370
200	カント政治哲学の講義	H.アーレント著, R.ベイナー編／浜田監訳		302
201	人類学と文化記号論	M.サーリンズ／山内昶訳		354
202	ロンドン散策	F.トリスタン／小杉, 浜本訳		484

叢書・ウニベルシタス

(頁)

203	秩序と無秩序	J.-P.デュピュイ／古田幸男訳		324
204	象徴の理論	T.トドロフ／及川馥, 他訳		536
205	資本とその分身	M.ギヨーム／斉藤日出治訳		240
206	干　渉〈ヘルメスⅡ〉	M.セール／豊田彰訳		276
207	自らに手をくだし〈自死について〉	J.アメリー／大河内了義訳		222
208	フランス人とイギリス人	R.フェイバー／北條, 大島訳	品切	304
209	カーニバル〈その歴史的・文化的考察〉	J.カロ・バロッハ／佐々木孝訳	品切	622
210	フッサール現象学	A.F.アグィーレ／川島, 工藤, 林訳		232
211	文明の試練	J.M.カディヒィ／塚本, 秋山, 寺西, 島訳		538
212	内なる光景	J.ポミエ／角山, 池部訳		526
213	人間の原型と現代の文化	A.ゲーレン／池井望訳		422
214	ギリシアの光と神々	K.ケレーニイ／円子修平訳		178
215	初めに愛があった〈精神分析と信仰〉	J.クリステヴァ／枝川昌雄訳		146
216	バロックとロココ	W.v.ニーベルシュッツ／竹内章訳		164
217	誰がモーセを殺したか	S.A.ハンデルマン／山形和美訳		514
218	メランコリーと社会	W.レペニース／岩田, 小竹訳		380
219	意味の論理学	G.ドゥルーズ／岡田, 宇波訳		460
220	新しい文化のために	P.ニザン／木内孝訳		352
221	現代心理論集	P.ブールジェ／平岡, 伊藤訳		362
222	パラジット〈寄食者の論理〉	M.セール／及川, 米山訳		466
223	虐殺された鳩〈暴力と国家〉	H.ラボリ／川中子弘訳		240
224	具象空間の認識論〈反・解釈学〉	F.ダゴニェ／金森修訳		300
225	正常と病理	G.カンギレム／滝沢武久訳		320
226	フランス革命論	J.G.フィヒテ／栂田啓三郎訳		396
227	クロード・レヴィ=ストロース	O.パス／鼓, 木村訳		160
228	バロックの生活	P.ラーンシュタイン／波田節夫訳		520
229	うわさ〈もっとも古いメディア〉増補版	J.-N.カプフェレ／古田幸男訳		394
230	後期資本制社会システム	C.オッフェ／寿福真美編訳		358
231	ガリレオ研究	A.コイレ／菅谷暁訳	品切	482
232	アメリカ	J.ボードリヤール／田中正人訳		220
233	意識ある科学	E.モラン／村上光彦訳		400
234	分子革命〈欲望社会のミクロ分析〉	F.ガタリ／杉村昌昭訳		340
235	火, そして霧の中の信号—ゾラ	M.セール／寺田光徳訳		568
236	煉獄の誕生	J.ル・ゴッフ／渡辺, 内田訳		698
237	サハラの夏	E.フロマンタン／川端康夫訳		336
238	パリの悪魔	P.ガスカール／佐藤和夫訳		256
239/240	自然の人間的歴史（上・下）	S.モスコヴィッシ／大津真作訳		上・494 下・390
241	ドン・キホーテ頌	P.アザール／円子千代訳	品切	348
242	ユートピアへの勇気	G.ピヒト／河井徳治訳		202
243	現代社会とストレス〔原書改訂版〕	H.セリエ／杉, 田多井, 藤井, 竹宮訳		482
244	知識人の終焉	J.-F.リオタール／原田佳彦, 他訳		140
245	オマージュの試み	E.M.シオラン／金井裕訳		154
246	科学の時代における理性	H.-G.ガダマー／本間, 座小田訳		158
247	イタリア人の太古の知恵	G.ヴィーコ／上村忠男訳		190
248	ヨーロッパを考える	E.モラン／林 勝一訳		238
249	労働の現象学	J.-L.プチ／今村, 松島訳		388
250	ポール・ニザン	Y.イシャグプール／川俣晃自訳		356
251	政治的判断力	R.ベイナー／浜田義文監訳		310
252	知覚の本性〈初期論文集〉	メルロ=ポンティ／加賀野井秀一訳		158

叢書・ウニベルシタス

(頁)

253	言語の牢獄	F.ジェームソン／川口喬一訳	292
254	失望と参画の現象学	A.O.ハーシュマン／佐々木, 杉山訳	204
255	はかない幸福―ルソー	T.トドロフ／及川馥訳	162
256	大学制度の社会史	H.W.プラール／山本尤訳	408
257/258	ドイツ文学の社会史 (上・下)	J.ベルク, 他／山本, 三島, 保坂, 鈴木訳	上：766 下：648
259	アランとルソー〈教育哲学試論〉	A.カルネック／安斎, 並木訳	304
260	都市・階級・権力	M.カステル／石川淳志監訳	296
261	古代ギリシア人	M.I.フィンレー／山形和美訳　品切	296
262	象徴表現と解釈	T.トドロフ／小林, 及川訳	244
263	声の回復〈回想の試み〉	L.マラン／梶野吉郎訳	246
264	反射概念の形成	G.カンギレム／金森修訳	304
265	芸術の手相	G.ピコン／末永照和訳	294
266	エチュード〈初期認識論集〉	G.バシュラール／及川馥訳	166
267	邪な人々の昔の道	R.ジラール／小池健男訳	270
268	〈誠実〉と〈ほんもの〉	L.トリリング／野島秀勝訳	264
269	文の抗争	J.-F.リオタール／陸井四郎, 他訳	410
270	フランス革命と芸術	J.スタロバンスキー／井上尭裕訳	286
271	野生人とコンピューター	J.-M.ドムナック／古田幸男訳	228
272	人間と自然界	K.トマス／山内昶, 他訳	618
273	資本論をどう読むか	J.ビデ／今村仁司, 他訳	450
274	中世の旅	N.オーラー／藤代幸一訳	488
275	変化の言語〈治療コミュニケーションの原理〉	P.ワツラウィック／築島謙三訳	212
276	精神の売春としての政治	T.クンナス／木戸, 佐々木訳	258
277	スウィフト政治・宗教論集	J.スウィフト／中野, 海保訳	490
278	現実とその分身	C.ロセ／金井裕訳	168
279	中世の高利貸	J.ル・ゴッフ／渡辺香根夫訳	170
280	カルデロンの芸術	M.コメレル／岡部仁訳	270
281	他者の言語〈デリダの日本講演〉	J.デリダ／高橋允昭編訳	406
282	ショーペンハウアー	R.ザフランスキー／山本尤訳	646
283	フロイトと人間の魂	B.ベテルハイム／藤瀬恭子訳	174
284	熱狂〈カントの歴史批判〉	J.-F.リオタール／中島盛夫訳	210
285	カール・カウツキー 1854-1938	G.P.スティーンソン／時永, 河野訳	496
286	形而上学と神の思想	W.パネンベルク／座小田, 諸岡訳	186
287	ドイツ零年	E.モラン／古田幸男訳	364
288	物の地獄〈ルネ・ジラールと経済の論理〉	デュムシェル, デュピュイ／織田, 富永訳	320
289	ヴィーコ自叙伝	G.ヴィーコ／福鎌忠恕訳　品切	448
290	写真論〈その社会的効用〉	P.ブルデュー／山縣煕, 山縣直子訳	438
291	戦争と平和	S.ボク／大沢正道訳	224
292	意味と意味の発展	R.A.ウォルドロン／築島謙三訳	294
293	生態平和とアナーキー	U.リンゼ／内田, 杉山訳	270
294	小説の精神	M.クンデラ／金井, 浅野訳	208
295	フィヒテ-シェリング往復書簡	W.シュルツ解説／座小田, 後藤訳	220
296	出来事と危機の社会学	E.モラン／浜名, 福井訳	622
297	宮廷風恋愛の技術	A.カペルラヌス／野島秀勝訳	334
298	野蛮〈科学主義の独裁と文化の危機〉	M.アンリ／山形, 望月訳	292
299	宿命の戦略	J.ボードリヤール／竹原あき子訳	260
300	ヨーロッパの日記	G.R.ホッケ／石丸, 柴田, 信岡訳	1330
301	記号と夢想〈演劇と祝祭についての考察〉	A.シモン／岩瀬孝監修, 佐藤, 伊藤, 他訳	388
302	手と精神	J.ブラン／中村文郎訳	284

			(頁)
303	平等原理と社会主義	L.シュタイン／石川, 石塚, 柴田訳	676
304	死にゆく者の孤独	N.エリアス／中居実訳	150
305	知識人の黄昏	W.シヴェルブシュ／初見基訳	240
306	トマス・ペイン〈社会思想家の生涯〉	A.J.エイヤー／大熊昭信訳	378
307	われらのヨーロッパ	F.ヘール／杉浦健之訳	614
308	機械状無意識〈スキゾ-分析〉	F.ガタリ／高岡幸一訳	426
309	聖なる真理の破壊	H.ブルーム／山形和美訳	400
310	諸科学の機能と人間の意義	E.バーチ／上村忠男監訳	552
311	翻 訳〈ヘルメスIII〉	M.セール／豊田, 輪田訳	404
312	分 布〈ヘルメスIV〉	M.セール／豊田彰訳	440
313	外国人	J.クリステヴァ／池田和子訳	284
314	マルクス	M.アンリ／杉山, 水野訳	品切 612
315	過去からの警告	E.シャルガフ／山本, 内藤訳	308
316	面・表面・界面〈一般表層論〉	F.ダゴニェ／金森, 今野訳	338
317	アメリカのサムライ	F.G.ノートヘルファー／飛鳥井雅道訳	512
318	社会主義か野蛮か	C.カストリアディス／江口幹訳	490
319	遍 歴〈法, 形式, 出来事〉	J.-F.リオタール／小野康男訳	200
320	世界としての夢	D.ウスラー／谷 徹訳	566
321	スピノザと表現の問題	G.ドゥルーズ／工藤, 小柴, 小谷訳	460
322	裸体とはじらいの文化史	H.P.デュル／藤代, 三谷訳	572
323	五 感〈混合体の哲学〉	M.セール／米山親能訳	582
324	惑星軌道論	G.W.F.ヘーゲル／村上恭一訳	250
325	ナチズムと私の生活〈仙台からの告発〉	K.レーヴィット／秋間実訳	334
326	ベンヤミン-ショーレム往復書簡	G.ショーレム編／山本尤訳	440
327	イマヌエル・カント	O.ヘッフェ／藪木栄夫訳	374
328	北西航路〈ヘルメスV〉	M.セール／青木研二訳	260
329	聖杯と剣	R.アイスラー／野島秀勝訳	486
330	ユダヤ人国家	Th.ヘルツル／佐藤康彦訳	206
331	十七世紀イギリスの宗教と政治	C.ヒル／小野功生訳	586
332	方 法 2. 生命の生命	E.モラン／大津真作訳	838
333	ヴォルテール	A.J.エイヤー／中川, 吉岡訳	268
334	哲学の自食症候群	J.ブーヴレス／大平具彦訳	266
335	人間学批判	レベニース, ノルテ／小竹澄栄訳	214
336	自伝のかたち	W.C.スペンジマン／船倉正憲訳	384
337	ポストモダニズムの政治学	L.ハッチオン／川口喬一訳	332
338	アインシュタインと科学革命	L.S.フォイヤー／村上, 成定, 大谷訳	474
339	ニーチェ	G.ビヒト／青木隆嘉訳	562
340	科学史・科学哲学研究	G.カンギレム／金森修監訳	674
341	貨幣の暴力	アグリエッタ, オルレアン／井上, 斉藤訳	506
342	象徴としての円	M.ルルカー／竹内章訳	186
343	ベルリンからエルサレムへ	G.ショーレム／岡部仁訳	226
344	批評の批評	T.トドロフ／及川, 小林訳	298
345	ソシュール講義録注解	F.de ソシュール／前田英樹・訳注	204
346	歴史とデカダンス	P.ショーニュ／大谷尚文訳	552
347	続・いま, ここで	G.ビヒト／斎藤, 大野, 福島, 浅野訳	580
348	バフチン以後	D.ロッジ／伊藤誓訳	410
349	再生の女神セドナ	H.P.デュル／原研二訳	622
350	宗教と魔術の衰退	K.トマス／荒木正純訳	1412
351	神の思想と人間の自由	W.パネンベルク／座小田, 諸岡訳	186

―― 叢書・ウニベルシタス ――

(頁)

352	倫理・政治的ディスクール	O.ヘッフェ／青木隆嘉訳		312
353	モーツァルト	N.エリアス／青木隆嘉訳		198
354	参加と距離化	N.エリアス／波田, 道籏訳		276
355	二十世紀からの脱出	E.モラン／秋枝茂夫訳		384
356	無限の二重化	W.メニングハウス／伊藤秀一訳		350
357	フッサール現象学の直観理論	E.レヴィナス／佐藤, 桑野訳		506
358	始まりの現象	E.W.サイード／山形, 小林訳		684
359	サテュリコン	H.P.デュル／原研二訳		258
360	芸術と疎外	H.リード／増淵正史訳	品切	262
361	科学的理性批判	K.ヒュブナー／神野, 中才, 熊谷訳		476
362	科学と懐疑論	J.ワトキンス／中才敏郎訳		354
363	生きものの迷路	A.モール, E.ロメル／古田幸男訳		240
364	意味と力	G.バランディエ／小関藤一郎訳		406
365	十八世紀の文人科学者たち	W.レペニース／小川さくえ訳		182
366	結晶と煙のあいだ	H.アトラン／阪上脩訳		376
367	生への闘争〈闘争本能・性・意識〉	W.J.オング／高柳, 橋爪訳		326
368	レンブラントとイタリア・ルネサンス	K.クラーク／尾崎, 芳野訳		334
369	権力の批判	A.ホネット／河上倫逸監訳		476
370	失われた美学〈マルクスとアヴァンギャルド〉	M.A.ローズ／長田, 池田, 長野, 長田訳		332
371	ディオニュソス	M.ドゥティエンヌ／及川, 吉岡訳		164
372	メディアの理論	F.イングリス／伊藤, 磯山訳		380
373	生き残ること	B.ベテルハイム／高尾利数訳		646
374	バイオエシックス	F.ダゴニェ／金森, 松浦訳		316
375/376	エディプスの謎(上・下)	N.ビショッフ／藤代, 井本, 他訳	上・下・	450 464
377	重大な疑問〈懐疑的省察録〉	E.シャルガフ／山形, 小野, 他訳		404
378	中世の食生活〈断食と宴〉	B.A.ヘニッシュ／藤原保明訳	品切	538
379	ポストモダン・シーン	A.クローカー, D.クック／大熊昭信訳		534
380	夢の時〈野生と文明の境界〉	H.P.デュル／岡部, 原, 須永, 荻野訳		674
381	理性よ、さらば	P.ファイヤアーベント／植木哲也訳	品切	454
382	極限に面して	T.トドロフ／宇京頼三訳		376
383	自然の社会化	K.エーダー／寿福真美監訳		474
384	ある反時代的考察	K.レーヴィット／中村啓, 永沼更始郎訳		526
385	図書館炎上	W.シヴェルブシュ／福本義憲訳		274
386	騎士の時代	F.v.ラウマー／柳井尚子訳		506
387	モンテスキュー〈その生涯と思想〉	J.スタロバンスキー／古賀英三郎, 高橋誠訳		312
388	理解の鋳型〈東西の思想経験〉	J.ニーダム／井上英明訳		510
389	風景画家レンブラント	E.ラルセン／大谷, 尾崎訳		208
390	精神分析の系譜	M.アンリ／山形頼洋, 他訳		546
391	金(kin)と魔術	H.C.ビンスヴァンガー／清水健次訳		218
392	自然誌の終焉	W.レペニース／山村直資訳		346
393	批判的解釈学	J.B.トンプソン／山本, 小川訳		376
394	人間にはいくつの真理が必要か	R.ザフランスキー／山本, 藤井訳		232
395	現代芸術の出発	Y.イシャグプール／川俣晃自訳		170
396	青春 ジュール・ヴェルヌ論	M.セール／豊田彰訳		398
397	偉大な世紀のモラル	P.ベニシュー／朝倉, 羽賀訳		428
398	諸国民の時に	E.レヴィナス／合田正人訳		348
399/400	バベルの後に(上・下)	G.スタイナー／亀山健吉訳	上・下・	482
401	チュービンゲン哲学入門	E.ブロッホ／花田監修・菅谷, 今井, 三国訳		422

			(頁)
402 歴史のモラル	T.トドロフ／大谷尚文訳		386
403 不可解な秘密	E.シャルガフ／山本,内藤訳		260
404 ルソーの世界〈あるいは近代の誕生〉	J.-L.ルセルクル／小林浩訳	品切	378
405 死者の贈り物	D.サルナーヴ／菊地,白井訳		186
406 神もなく韻律もなく	H.P.デュル／青木隆嘉訳		292
407 外部の消失	A.コドレスク／利沢行夫訳		276
408 狂気の社会史〈狂人たちの物語〉	R.ポーター／目羅公和訳		428
409 続・蜂の寓話	B.マンデヴィル／泉谷治訳		436
410 悪口を習う〈近代初期の文化論集〉	S.グリーンブラット／磯山甚一訳		354
411 危険を冒して書く〈異色作家たちのパリ・インタヴュー〉	J.ワイス／浅野敏夫訳		300
412 理論を讃えて	H.-G.ガダマー／本間,須田訳		194
413 歴史の島々	M.サーリンズ／山本真鳥訳		306
414 ディルタイ〈精神科学の哲学者〉	R.A.マックリール／大野,田中,他訳		578
415 われわれのあいだで	E.レヴィナス／合田,谷口訳		368
416 ヨーロッパ人とアメリカ人	S.ミラー／池田栄一訳		358
417 シンボルとしての樹木	M.ルルカー／林 捷訳		276
418 秘めごとの文化史	H.P.デュル／藤代,津山訳		662
419 眼の中の死〈古代ギリシアにおける他者の像〉	J.-P.ヴェルナン／及川,吉岡訳		144
420 旅の思想史	E.リード／伊藤誓訳		490
421 病のうちなる治療薬	J.スタロバンスキー／小池,川那部訳		356
422 祖国地球	E.モラン／菊地昌実訳		234
423 寓意と表象・再現	S.J.グリーンブラット編／船倉正憲訳		384
424 イギリスの大学	V.H.H.グリーン／安原,成定訳		516
425 未来批判 あるいは世界史に対する嫌悪	E.シャルガフ／山本,伊藤訳		276
426 見えるものと見えざるもの	メルロ=ポンティ／中島盛夫監訳		618
427 女性と戦争	J.B.エルシュテイン／小林,廣川訳		486
428 カント入門講義	H.バウムガルトナー／有福孝岳監訳		204
429 ソクラテス裁判	I.F.ストーン／永田康昭訳		470
430 忘我の告白	M.ブーバー／田口義弘訳		348
431 432 時代おくれの人間(上・下)	G.アンダース／青木隆嘉訳		上・432 下・546
433 現象学と形而上学	J.-L.マリオン他編／三上,重永,檜垣訳		388
434 祝福から暴力へ	M.ブロック／田辺,秋津訳		426
435 精神分析と横断性	F.ガタリ／杉村,毬藻訳		462
436 競争社会をこえて	A.コーン／山本,真水訳		530
437 ダイアローグの思想	M.ホルクヴィスト／伊藤誓訳		370
438 社会学とは何か	N.エリアス／徳安彰訳		250
439 E.T.A.ホフマン	R.ザフランスキー／識名章喜訳		636
440 所有の歴史	J.アタリ／山内昶訳		580
441 男性同盟と母権制神話	N.ゾンバルト／田村和彦訳		516
442 ヘーゲル以後の歴史哲学	H.シュネーデルバッハ／古東哲明訳		282
443 同時代人ベンヤミン	H.マイヤー／岡部仁訳		140
444 アステカ帝国滅亡記	G.ボド,T.トドロフ編／大谷,菊地訳		662
445 迷宮の岐路	C.カストリアディス／宇京頼三訳		404
446 意識と自然	K.K.チョウ／志水,山本監訳		422
447 政治的正義	O.ヘッフェ／北尾,平石,望月訳		598
448 象徴と社会	K.バーク著,ガスフィールド編／森常治訳		580
449 神・死・時間	E.レヴィナス／合田正人訳		360
450 ローマの祭	G.デュメジル／大橋寿美子訳		446

叢書・ウニベルシタス

(頁)
451	エコロジーの新秩序	L.フェリ／加藤宏幸訳	274
452	想念が社会を創る	C.カストリアディス／江口幹訳	392
453	ウィトゲンシュタイン評伝	B.マクギネス／藤本, 今井, 宇都宮, 高橋訳	612
454	読みの快楽	R.オールター／山形, 中田, 田中訳	346
455	理性・真理・歴史〈内在的実在論の展開〉	H.パトナム／野本和幸, 他訳	360
456	自然の諸時期	ビュフォン／菅谷暁訳	440
457	クロポトキン伝	ビルーモヴァ／左近毅訳	384
458	征服の修辞学	P.ヒューム／岩尾, 正木, 本橋訳	492
459	初期ギリシア科学	G.E.R.ロイド／山野, 山口訳	246
460	政治と精神分析	G.ドゥルーズ, F.ガタリ／杉村昌昭訳	124
461	自然契約	M.セール／及川, 米山訳	230
462	細分化された世界〈迷宮の岐路III〉	C.カストリアディス／宇京頼三訳	332
463	ユートピア的なもの	L.マラン／梶野吉郎訳	420
464	恋愛礼讃	M.ヴァレンシー／沓掛, 川端訳	496
465	転換期〈ドイツ人とドイツ〉	H.マイヤー／宇京早苗訳	466
466	テクストのぶどう畑で	I.イリイチ／岡部佳世訳	258
467	フロイトを読む	P.ゲイ／坂口, 大島訳	304
468	神々を作る機械	S.モスコヴィッシ／古田幸男訳	750
469	ロマン主義と表現主義	A.K.ウィードマン／大森淳史訳	378
470	宗教論	N.ルーマン／土方昭, 土方透訳	138
471	人格の成層論	E.ロータッカー／北村監訳・大久保, 他訳	278
472	神 罰	C.v.リンネ／小川さくえ訳	432
473	エデンの園の言語	M.オランデール／浜崎設夫訳	338
474	フランスの自伝〈自伝文学の主題と構造〉	P.ルジュンヌ／小倉孝誠訳	342
475	ハイデガーとヘブライの遺産	M.ザラデル／合田正人訳	390
476	真の存在	G.スタイナー／工藤政司訳	266
477	言語芸術・言語記号・言語の時間	R.ヤコブソン／浅川順子訳	388
478	エクリール	C.ルフォール／宇京頼三訳	420
479	シェイクスピアにおける交渉	S.J.グリーンブラット／酒井正志訳	334
480	世界・テキスト・批評家	E.W.サイード／山形和美訳	584
481	絵画を見るディドロ	J.スタロバンスキー／小西嘉幸訳	148
482	ギボン〈歴史を創る〉	R.ポーター／中野, 海保, 松原訳	272
483	欺瞞の書	E.M.シオラン／金井裕訳	252
484	マルティン・ハイデガー	H.エーベリング／青木隆嘉訳	252
485	カフカとカバラ	K.E.グレーツィンガー／清水健次訳	390
486	近代哲学の精神	H.ハイムゼート／座小田豊, 他訳	448
487	ベアトリーチェの身体	R.P.ハリスン／船倉正憲訳	304
488	技術〈クリティカル・セオリー〉	A.フィーンバーグ／藤本正文訳	510
489	認識論のメタクリティーク	Th.W.アドルノ／古賀, 細見訳	370
490	地獄の歴史	A.K.ターナー／野﨑嘉信訳	456
491	昔話と伝説〈物語文学の二つの基本形式〉	M.リューティ／高木昌史, 万里子訳 品切	362
492	スポーツと文明化〈興奮の探究〉	N.エリアス, E.ダニング／大平章訳	252
493/494	地獄のマキアヴェッリ（I・II）	S.de.グラツィア／田中治男訳	I・352 II・306
495	古代ローマの恋愛詩	P.ヴェーヌ／鎌田博夫訳	352
496	証人〈言葉と科学についての省察〉	E.シャルガフ／山本, 内藤訳	252
497	自由とはなにか	P.ショーニュ／西川, 小田桐訳	472
498	現代世界を読む	M.マフェゾリ／菊地昌実訳	186
499	時間を読む	M.ピカール／寺田光徳訳	266
500	大いなる体系	N.フライ／伊藤誓訳	478

叢書・ウニベルシタス

(頁)

No.	タイトル	著者/訳者	頁
501	音楽のはじめ	C.シュトゥンプ／結城錦一訳	208
502	反ニーチェ	L.フェリー他／遠藤文彦訳	348
503	マルクスの哲学	E.バリバール／杉山吉弘訳	222
504	サルトル，最後の哲学者	A.ルノー／水野浩二訳	296
505	新不平等起源論	A.テスタール／山内昶訳	298
506	敗者の祈禱書	シオラン／金井裕訳	184
507	エリアス・カネッティ	Y.イシャグプール／川俣晃自訳	318
508	第三帝国下の科学	J.オルフ゠ナータン／宇京賴三訳	424
509	正も否も縦横に	H.アトラン／寺田光德訳	644
510	ユダヤ人とドイツ	E.トラヴェルソ／宇京賴三訳	322
511	政治的風景	M.ヴァルンケ／福本義憲訳	202
512	聖句の彼方	E.レヴィナス／合田正人訳	350
513	古代憧憬と機械信仰	H.ブレーデカンプ／藤代，津山訳	230
514	旅のはじめ	D.トリリング／野島秀勝訳	602
515	ドゥルーズの哲学	M.ハート／田代，井上，浅野，暮沢訳	294
516	民族主義・植民地主義と文学	T.イーグルトン他／増渕，安藤，大友訳	198
517	個人について	P.ヴェーヌ他／大谷尚文訳	194
518	大衆の装飾	S.クラカウアー／船戸，野村訳	350
519, 520	シベリアと流刑制度（I・II）	G.ケナン／左近毅訳	I・632, II・642
521	中国とキリスト教	J.ジェルネ／鎌田博夫訳	396
522	実存の発見	E.レヴィナス／佐藤真理人，他訳	480
523	哲学的認識のために	G.-G.グランジェ／植木哲也訳	342
524	ゲーテ時代の生活と日常	P.ラーンシュタイン／上西川原章訳	832
525	ノッツ nOts	M.C.テイラー／浅野敏夫訳	480
526	法の現象学	A.コジェーヴ／今村，堅田訳	768
527	始まりの喪失	B.シュトラウス／青木隆嘉訳	196
528	重　合	ベーネ，ドゥルーズ／江口修訳	170
529	イングランド18世紀の社会	R.ポーター／目羅公和訳	630
530	他者のような自己自身	P.リクール／久米博訳	558
531	鷲と蛇〈シンボルとしての動物〉	M.ルルカー／林捷訳	270
532	マルクス主義と人類学	M.ブロック／山内昶,山内彰訳	256
533	両性具有	M.セール／及川馥訳	218
534	ハイデガー〈ドイツの生んだ巨匠とその時代〉	R.ザフランスキー／山本尤訳	696
535	啓蒙思想の背任	J.-C.ギュボー／菊地,白井訳	218
536	解明　M.セールの世界	M.セール／梶野,竹中訳	334
537	語りは罠	L.マラン／鎌田博夫訳	176
538	歴史のエクリチュール	M.セルトー／佐藤和生訳	542
539	大学とは何か	J.ペリカン／田口孝夫訳	374
540	ローマ　定礎の書	M.セール／高尾謙史訳	472
541	啓示とは何か〈あらゆる啓示批判の試み〉	J.G.フィヒテ／北岡武司訳	252
542	力の場〈思想史と文化批判のあいだ〉	M.ジェイ／今井道夫,他訳	382
543	イメージの哲学	F.ダゴニェ／水野浩二訳	410
544	精神と記号	F.ガタリ／杉村昌昭訳	180
545	時間について	N.エリアス／井本,青木訳	238
546	ルクレティウスの物理学の誕生　テキストにおける	M.セール／豊田彰訳	320
547	異端カタリ派の哲学	R.ネッリ／柴田和雄訳	290
548	ドイツ人論	N.エリアス／青木隆嘉訳	576
549	俳　優	J.デュヴィニョー／渡辺淳訳	346

叢書・ウニベルシタス

(頁)

No.	タイトル	著者/訳者	頁
550	ハイデガーと実践哲学	O.ペゲラー他,編／竹市,下村監訳	584
551	彫　像	M.セール／米山親能訳	366
552	人間的なるものの庭	C.F.v.ヴァイツゼカー／山辺建訳	
553	思考の図像学	A.フレッチャー／伊藤誓訳	472
554	反動のレトリック	A.O.ハーシュマン／岩崎稔訳	250
555	暴力と差異	A.J.マッケナ／夏目博明訳	354
556	ルイス・キャロル	J.ガッテニョ／鈴木晶訳	462
557	タオスのロレンゾー〈D.H.ロレンス回想〉	M.D.ルーハン／野島秀勝訳	490
558	エル・シッド〈中世スペインの英雄〉	R.フレッチャー／林邦夫訳	414
559	ロゴスとことば	S.プリケット／小野功生訳	486
560/561	盗まれた稲妻〈呪術の社会学〉(上・下)	D.L.オキーフ／谷林眞理子,他訳	上・490 下・656
562	リビドー経済	J.-F.リオタール／杉山,吉森訳	458
563	ポスト・モダニティの社会学	S.ラッシュ／田中義久監訳	462
564	狂暴なる霊長類	J.A.リヴィングストン／大平章訳	310
565	世紀末社会主義	M.ジェイ／今村,大谷訳	334
566	両性平等論	F.P.de ラ・バール／佐藤和夫,他訳	330
567	暴虐と忘却	R.ボイヤーズ／田部井孝次・世志子訳	524
568	異端の思想	G.アンダース／青木隆嘉訳	518
569	秘密と公開	S.ボク／大沢正道訳	470
570/571	大航海時代の東南アジア (I・II)	A.リード／平野,田中訳	I・ II・430
572	批判理論の系譜学	N.ボルツ／山本,大貫訳	332
573	メルヘンの誘い	M.リューティ／高木昌史訳	200
574	性と暴力の文化史	H.P.デュル／藤代,津山訳	768
575	歴史の不測	E.レヴィナス／合田,谷口訳	316
576	理論の意味作用	T.イーグルトン／山形和美訳	196
577	小集団の時代〈大衆社会における個人主義の衰退〉	M.マフェゾリ／古田幸男訳	334
578/579	愛の文化史 (上・下)	S.カーン／青木,斎藤訳	上・334 下・384
580	文化の擁護〈1935年パリ国際作家大会〉	ジッド他／相磯,五十嵐,石黒,高橋編訳	752
581	生きられる哲学〈生活世界の現象学と批判理論の思考形式〉	F.フェルマン／堀栄造訳	282
582	十七世紀イギリスの急進主義と文学	C.ヒル／小野,圓月訳	444
583	このようなことが起こり始めたら…	R.ジラール／小池,住谷訳	226
584	記号学の基礎理論	J.ディーリー／大熊昭信訳	286
585	真理と美	S.チャンドラセカール／豊田彰訳	328
586	シオラン対談集	E.M.シオラン／金井裕訳	336
587	時間と社会理論	B.アダム／伊藤,磯山訳	338
588	懐疑的省察ABC〈続・重大な疑問〉	E.シャルガフ／山本,伊藤訳	244
589	第三の知恵	M.セール／及川馥訳	250
590/591	絵画における真理 (上・下)	J.デリダ／高橋,阿部訳	上・322 下・390
592	ウィトゲンシュタインと宗教	N.マルカム／黒崎宏訳	256
593	シオラン〈あるいは最後の人間〉	S.ジョドー／金井裕訳	212
594	フランスの悲劇	T.トドロフ／大谷尚文訳	304
595	人間の生の遺産	E.シャルガフ／清水健次,他訳	392
596	聖なる快楽〈性,神話,身体の政治〉	R.アイスラー／浅野敏夫訳	876
597	原子と爆弾とエスキモーキス	C.G.セグレー／野島秀勝訳	408
598	海からの花嫁〈ギリシア神話研究の手引き〉	J.シャーウッドスミス／吉田,佐藤訳	234
599	神に代わる人間	L.フェリー／菊地,白井訳	220
600	パンと競技場〈ギリシア・ローマ時代の政治と都市の社会学的歴史〉	P.ヴェーヌ／鎌田博夫訳	1032

叢書・ウニベルシタス

(頁)

601	ギリシア文学概説	J.ド・ロミイ／細井, 秋山訳	486
602	パロールの奪取	M.セルトー／佐藤和生訳	200
603	68年の思想	L.フェリー他／小野潮訳	348
604	ロマン主義のレトリック	P.ド・マン／山形, 岩坪訳	470
605	探偵小説あるいはモデルニテ	J.デュボア／鈴木智之訳	380
606 607 608	近代の正統性〔全三冊〕	H.ブルーメンベルク／斎藤, 忽那 佐藤, 村井訳	I・328 II・ III・
609	危機社会〈新しい近代への道〉	U.ベック／東, 伊藤訳	502
610	エコロジーの道	E.ゴールドスミス／大熊昭信訳	654
611	人間の領域〈迷宮の岐路II〉	C.カストリアディス／米山親能訳	626
612	戸外で朝食を	H.P.デュル／藤代幸一訳	190
613	世界なき人間	G.アンダース／青木隆嘉訳	366
614	唯物論シェイクスピア	F.ジェイムソン／川口喬一訳	380
615	核時代のヘーゲル哲学	H.クロンバッハ／植木哲也訳	380
616	詩におけるルネ・シャール	P.ヴェーヌ／西永良成訳	832
617	近世の形而上学	H.ハイムゼート／北岡武司訳	506
618	フロベールのエジプト	G.フロベール／斎藤昌三訳	344
619	シンボル・技術・言語	E.カッシーラー／篠木, 高野訳	352
620	十七世紀イギリスの民衆と思想	C.ヒル／小野, 圓月, 箭川訳	520
621	ドイツ政治哲学史	H.リュッペ／今井道夫訳	312
622	最終解決〈民族移動とヨーロッパのユダヤ人殺害〉	G.アリー／山本, 三島訳	470
623	中世の人間	J.ル・ゴフ他／鎌田博夫訳	478
624	食べられる言葉	L.マラン／梶野吉郎訳	284
625	ヘーゲル伝〈哲学の英雄時代〉	H.アルトハウス／山本尤訳	690
626	E.モラン自伝	E.モラン／菊地, 高砂訳	368
627	見えないものを見る	M.アンリ／青木研二訳	248
628	マーラー〈音楽観相学〉	Th.W.アドルノ／龍村あや子訳	286
629	共同生活	T.トドロフ／大谷尚文訳	236
630	エロイーズとアベラール	M.F.B.ブリュックネール／白崎容子訳	790
631	意味を見失った時代〈迷宮の岐路IV〉	C.カストリアディス／江口幹訳	338
632	火と文明化	J.ハウツブロム／大平章訳	356
633	ダーウィン, マルクス, ヴァーグナー	J.バーザン／野島秀勝訳	526
634	地位と羞恥	S.ネッケル／岡原正幸訳	434
635	無垢の誘惑	P.ブリュックネール／小倉, 下澤訳	350
636	ラカンの思想	M.ボルク＝ヤコブセン／池田清訳	500
637	羨望の炎〈シェイクスピアと欲望の劇場〉	R.ジラール／小林, 田口訳	698
638	暁のフクロウ〈続・精神の現象学〉	A.カトロッフェロ／寿福真美訳	354
639	アーレント＝マッカーシー往復書簡	C.ブライトマン編／佐藤佐智子訳	710
640	崇高とは何か	M.ドゥギー他／梅木達郎訳	416
641	世界という実験〈問い、取り出しの諸カテゴリー、実践〉	E.ブロッホ／小田智敏訳	400
642	悪　あるいは自由のドラマ	R.ザフランスキー／山本尤訳	322
643	世俗の聖典〈ロマンスの構造〉	N.フライ／中村, 真野訳	252
644	歴史と記憶	J.ル・ゴフ／立川孝一訳	400
645	自我の記号論	N.ワイリー／船倉正憲訳	468
646	ニュー・ミメーシス〈シェイクスピアと現実描写〉	A.D.ナトール／山形, 山下訳	430
647	歴史家の歩み〈アリエス 1943-1983〉	Ph.アリエス／成瀬, 伊藤訳	428
648	啓蒙の民主制理論〈カントとのつながりで〉	I.マウス／浜田, 牧野監訳	400
649	仮象小史〈古代からコンピューター時代まで〉	N.ボルツ／山本尤訳	200

―― 叢書・ウニベルシタス ――

(頁)

650	知の全体史	C.V.ドーレン／石塚浩司訳	766
651	法の力	J.デリダ／堅田研一訳	220
652/653	男たちの妄想（Ⅰ・Ⅱ）	K.テーヴェライト／田村和彦訳	Ⅰ・816 Ⅱ
654	十七世紀イギリスの文書と革命	C.ヒル／小野,圓月,箭川訳	592
655	パウル・ツェラーンの場所	H.ベッティガー／鈴木美紀訳	176
656	絵画を破壊する	L.マラン／尾形,梶野訳	272
657	グーテンベルク銀河系の終焉	N.ボルツ／識名,足立訳	330
658	批評の地勢図	J.ヒリス・ミラー／森田孟訳	550
659	政治的なものの変貌	M.マフェゾリ／古田幸男訳	290
660	神話の真理	K.ヒュブナー／神野,中才,他訳	736
661	廃墟のなかの大学	B.リーディングズ／青木,斎藤訳	354
662	後期ギリシア科学	G.E.R.ロイド／山野,山口,金山訳	320
663	ベンヤミンの現在	N.ボルツ,W.レイイェン／岡部仁訳	180
664	異教入門〈中心なき周辺を求めて〉	J.-F.リオタール／山縣,小野,他訳	242
665	ル・ゴフ自伝〈歴史家の生活〉	J.ル・ゴフ／鎌田博夫訳	290
666	方　法　3.認識の認識	E.モラン／大津真作訳	398
667	遊びとしての読書	M.ピカール／及川,内藤訳	478
668	身体の哲学と現象学	M.アンリ／中敬夫訳	404
669	ホモ・エステティクス	L.フェリー／小野康男,他訳	
670	イスラムにおける女性とジェンダー	L.アーメド／林正雄,他訳	
671	ロマン派の手紙	K.H.ボーラー／髙木葉子訳	382
672	精霊と芸術	M.マール／津山拓也訳	474
673	言葉への情熱	G.スタイナー／伊藤誓訳	
674	贈与の謎	M.ゴドリエ／山内昶訳	362
675	諸個人の社会	N.エリアス／宇京早苗訳	
676	労働社会の終焉	D.メーダ／若森章孝,他訳	
677	概念・時間・言説	A.コジェーヴ／三宅,根田,安川訳	
678	史的唯物論の再構成	U.ハーバーマス／清水多吉訳	
679	カオスとシミュレーション	N.ボルツ／山本尤訳	218
680	実質的現象学	M.アンリ／中,野村,吉永訳	
681	生殖と世代継承	R.フォックス／平野秀秋訳	
682	反抗する文学	M.エドマンドソン／浅野敏夫訳	
683	哲学を讃えて	M.セール／米山親能,他訳	
684	人間・文化・社会	H.シャピロ編／塚本利明,他訳	
685	遍歴時代〈精神の自伝〉	J.アメリー／富重純子訳	